Memórias de um intensivista

Gustavo Vaz

Memórias de um intensivista

1ª edição

Rio de Janeiro
Edição do autor
2011

Vaz, Gustavo, 1978 -

Memórias de um intensivista / Gustavo Vaz

1ª ed. – Rio de Janeiro: Edição do autor, 2011.

ISBN 978-85-912684-0-5

1. Centro de Terapia Intensiva – Memórias. 2. Intensivista – Biografia. 3. Médico – Biografia.

Título original:

MEMÓRIAS DE UM INTENSIVISTA

Impresso nos Estados Unidos da América

ISBN 978-85-912684-0-5

Nota sobre o autor

Gustavo Vaz é neto do major-aviador Rubens Florentino Vaz, assassinado em agosto de 1954 no atentado a Carlos Lacerda, que culminou com o suicídio de Getúlio Vargas. Esta tragédia causou intensas dificuldades familiares, que refletiram em sua vida desde a infância.

Graduou-se médico em 2001, terminando a residência em medicina intensiva pela Universidade do Estado do Rio de Janeiro três anos mais tarde e obtendo o título de especialista pelo MEC (Ministério da Educação) e pela AMIB (Associação de Medicina Intensiva Brasileira), no ano seguinte.

Intensivista, trabalha estritamente em unidades de terapia intensiva, aplacando a angústia de familiares e difundindo a eles conhecimento por meio de coloquialidades.

À minha esposa Mariana, a quem saudosamente deixo pela manhã e para quem retorno ansioso ao final de cada dia. Ao meu filho Gabriel, por seu amor incondicional. Penso em vocês em todos os momentos de dificuldade, e a angústia é substituída por serenidade.

Aos meus amigos, meus pais e a todos os padrinhos que tive. Vocês tornaram possível a minha vida.

Aos mestres, a homenagem de mais um aluno.

Aos familiares de todos os pacientes que tratei, por sua compreensão e apoio.

In memoriam, Ciriaco José Pompeu de Siqueira

"O degrau de uma escada não serve simplesmente para que alguém permaneça em cima dele, mas destina-se a sustentar o pé de um homem por tempo suficiente para que ele coloque o outro um pouco mais alto."

Thomas Henry Huxley

Prefácio

Frio e inóspito. Assim é o centro de terapia intensiva, ou simplesmente CTI, para seus pacientes e familiares. É neste ambiente hospitalar onde o homem padece de suas moléstias mais graves e a vida está sempre "por um fio". Lidar diariamente com esse momento da existência humana, e com todos os sentimentos e emoções que o permeiam, requer não só o conhecimento técnico da medicina, mas acurada sensibilidade e amor ao seu semelhante.

Gustavo Vaz constrói com perfeição o cenário da terapia intensiva e sua miríade de emoções. O paciente crítico e suas idiossincrasias, como o inchaço corporal, alterações circulatórias, sepse, inserções de cateteres, e a dependência de um respirador artificial ou de uma máquina de hemodiálise. Tudo é desmistificado com linguagem simples, sem contudo deixar escapar a complexidade do tema. Desde sua infância e adolescência, conturbadas por problemas familiares, até sua formação como médico intensivista, passando por suas abdicações pessoais, comuns à profissão, e chegando até seu crescimento pessoal e profissional, o autor retrata a importância da família, dos amigos, dos mestres e dos pacientes na composição do médico e indivíduo que se tornou.

Ao percorrer as memórias do autor, o leitor que possui um conhecido no leito de um CTI, ou vivenciou pessoalmente este ambiente, ou mesmo aquele que, por obra divina ou mero acaso, nunca sofreu tamanha dor, entenderá melhor os dramas e perigos que acompanham este momento, e que seja qual for o final - a ida para casa ou o último expirar - existe uma equipe de médicos que luta com compromisso, dedicação e amor.

Bruno Castelo Branco Rodrigues

Sumário

Memórias de um intensivista

Parte I

A Universidade de Medicina

"Nunca ande eternamente pelo caminho traçado, pois ele conduz somente até onde os outros já foram."

Alexander Graham Bell

Um ano inteiro se passara desde que comecei a dormir fora de casa. Era dezembro de mil novecentos e noventa e nove, e eu estava na chamada Cidade Maravilhosa. O terceiro milênio aproximava-se, e junto a ele, um novo modo de vida ao qual teria que me habituar. Eu não tinha nenhum preparo para lidar com as situações que fariam parte do meu cotidiano até os dias atuais. Todas as memórias adquiridas em apenas duas décadas se tornariam distantes e a responsabilidade por outras vidas faria parte de meus deveres. Incontáveis noites em vigília nos centros de terapia intensiva viriam pela frente.

Nasci na década de setenta e cresci alheio ao fim do regime militar. Sabia apenas que meu avô havia sido major aviador muitos anos antes e que fora assassinado quando cumpria com o dever, durante proteção a um jornalista opositor ao governo. Embora este evento tenha se tornado público por jornais, difusão de rádio e pela recém surgida televisão, mesmo naquela época tragédias eram destacadas e esquecidas. Para mim entretanto, o fato determinou profundos contratempos familiares, que instalaram-se no relacionamento de minha avó com seus quatro filhos, todos com menos de dez anos de idade, então privados da figura paterna. Família é o núcleo da sociedade, alguns dizem, mas é esta própria que a destrói. Toda a estrutura de vida, os sonhos e os projetos foram usurpados.

Em minha infância, morava em uma casa isolada, num tempo em que a cidade não era tão populosa e a privacidade era maior do que hoje. Ficava num distrito da antiga Cidade Imperial, rodeada por mata verde e com estrada de terra como acesso. Lembro-me de brincadeiras ao ar livre, de aprender a andar de bicicleta, de estudar taboada e assistir televisão em uma enorme caixa de madeira. Nada disso existe mais.

Minha memória é limitada para fatos antigos. Provavelmente bloqueei ou até apaguei momentos ruins que sofri. Acabei por me introverter e estudar arduamente, desenvolvendo também algumas obsessões e compulsões, particularmente por limpeza. Neste ponto pergunto-me porque comecei escrevendo isto. Talvez seja uma tentativa de recuperar as lembranças, ou talvez seja a minha compulsão por organização ditando uma linha temporal nesta narrativa. De toda maneira, este preâmbulo nostálgico levará aonde quero chegar.

***

Um rápido pulo na cronologia e me vejo com cerca de nove anos, morando no mesmo bairro em que habito hoje após treze residências diferentes. A cidade grande assustava um pouco. Sempre fora acostumado com o campo. Passei a andar por ruas cheias de gente, pavimentadas e com carros. Os estudos entretanto iam bem para mim. Entendia que esta seria a maneira de conseguir avançar, de ter algo meu, que me libertasse de todos os problemas dos quais eu participava. Vivi separado dos meus parentes, tanto através de moradias diversas com ambos, quanto recluso em minha solidão. Trilhei um caminho adverso, entremeado pelo alcoolismo de meus pais, agressões físicas, xingamentos e ameaças. Tudo isso eu acompanhei quieto, com sentimentos cada vez mais reprimidos. Quando finalmente separaram-se, após cerca de vinte e quatro anos juntos, segui adiante com meu pai, que me provia meios para o estudo. Pensava em mim, em continuar, já sem nutrir carinho por nenhum deles da forma como um filho deveria. Meus sentimentos haviam tornado-se pálidos. Importavam moradia, alimentação e educação. Eu estava galgando o caminho da subsistência.

Talvez toda a experiência de vida por que passei tenha ajudado na minha profissão. É difícil trabalhar sem sentir ao menos um pouco da dor que os familiares experimentam. Mas este pouco tem que ser bem dosado, ou perdemos nossa sanidade. Fazemos humor negro, porque é a única maneira de não chorarmos todos os dias. As brincadeiras entre nós são um mecanismo de salvaguardar nossa estabilidade emocional e permitir que raciocinemos em prol dos pacientes e seus familiares, com toda velocidade e exatidão possíveis.

Olho para a tela em que escrevo e para o teclado sem fio e lembro-me de que quando estudava incessantemente no último dos cinco colégios por que passei, tinha que ler em livros e pesquisar em enciclopédias. Os trabalhos eram feitos em papel almaço, cartolinas e folhas de isopor. Como muitas crianças, fui fascinado pelo Universo e pela astronomia. Vêm à minha mente um trabalho para a feira de ciências com todos os planetas e um foguete, e outro sobre vulcões. Gostava também de história, matéria lecionada mais tarde por um professor que contava com paixão sobre os tempos da ditadura militar. Era indubitável que ele havia visto os fatos de perto.

Sempre gostei de ciências, biologia, química e física. Pensando hoje em como escolhi minha profissão, percebo que não houve nenhum grande marco. Simplesmente decidi.

Perguntavam-me muito se em minha família havia algum médico, como se fosse requisito essencial. Eu nem sabia. Mais tarde descobri que eu fora o primeiro. Sentia-me imponente com o desafio que nenhum de meus antepassados havia tentado.

Pensava ser uma profissão feita de elementos que me atraíam no estudo e sempre gostei de ajudar e ter um agradecimento, um reconhecimento em troca, talvez por ter me esforçado tanto para continuar estudando sem que isso importasse de verdade a alguém.

Eu era um adolescente, com pensamentos e desejos joviais que passavam por namoradas e aceitação, mas acabavam em prosseguir os estudos. É possível que minhas razões para decidir por medicina não fossem certas à época, mas a vida que trilhamos torna inexoráveis os nossos destinos, através das escolhas que fazemos. É disso que se trata a vida. Infindáveis escolhas.

E assim, após outro salto no tempo das memórias, com dezessete anos, iniciei a faculdade de medicina. Na época, morava com meu pai e sua segunda esposa, depois de meia dúzia de suas namoradas que atormentaram minha vida.

Ingressamos muito jovens na vida acadêmica, fedelhos sem responsabilidade nem maturidade, incautos das decisões futuras. Abrimos mão de relacionamentos e convivências socias, de viagens e passeios, sem pensar nas escolhas que teremos que fazer em inúmeras noites mal dormidas. Perdemos contato com amigos, porque seguimos um curso diferente onde nos vemos quase compelidos a namoros e amizades somente com colegas de profissão. Gradualmente, nos vemos cercados pelos que estudam conosco, que no futuro teremos como companheiros de trabalho.

Na faculdade conheci todo tipo de gente. Empertigados que já vinham de família de médicos, aguardados pelos pacientes que seus pais lhes passariam; estudiosos extremistas que nem apareciam em eventos sociais; espertalhões que já agiam de má fé; brutamontes que tinham músculos no lugar de neurônios; e pessoas que hoje são meus melhores amigos. À época nenhum de nós sabia o que viria adiante. Uma vida de dificuldades constantes e de alegrias em pequena quantidade, mas de grande significância.

Meu pai vivia um estilo de vida de autodestruição, e quando eu tinha dezenove anos, ainda aprendendo sobre as intermináveis doenças e seus mecanismos no terceiro ano da faculdade, ele sofreu um infarto agudo do miocárdio enquanto almoçávamos sozinhos em casa. Foi a primeira vez que tive uma emergência nas mãos, e não sabia o que fazer. Optei pela conduta mais rápida e o levei de táxi a um hospital próximo. Naquele dia aprendi a diferença entre médico e parente. Ainda hoje é difícil para nós médicos quando um familiar ou conhecido fica doente e os demais parentes esperam que resolvamos tudo, que arranjemos atendimento, internação, tratamento e acompanhamento; que tomemos frente da situação nos interpondo aos que fazem a assistência. Ora, isto é difícil para nós. É um momento em que não conseguimos pensar com clareza por interferência de nossos sentimentos, mas isto pouco importa aos nossos familiares. Há também aqueles que nunca estiveram presentes, mas que num momento de dificuldade tornam-se por interesse seus entes mais próximos e disponíveis.

Após ser transferido para um hospital de maior porte com serviço de hemodinâmica, meu pai foi tratado via endovascular com implantação de *stent*, recebendo alta após alguns dias. Dormi durante uma semana na casa de minha namorada, que seria minha esposa e mãe de meu filho, amparado por ela e seu pai. Ironicamente, eu não a conheci entre meus colegas, e ela tinha portanto outra profissão. Esta talvez tenha sido uma das grandes razões pelas quais hoje não estejamos mais juntos.

Quando fui ao hospital para uma visita a meu pai, percebi algo errado, mas somente entendi no momento em que o cumprimentei em casa, já após a alta. Fui recebido com frieza, sem um olhar direto, e então obrigado a sair de casa. Fora expulso no meio da faculdade, por razões não muito claras, mas que eu atribuía à minha madrasta. Meu pai queria salvaguardar sua saúde e fez mais uma das escolhas malditas, expulsando o segundo filho de casa tal qual fizera com seu primogênito tempos antes. Anos mais tarde, ele seria deixado por sua esposa, em meio a um turbulento e litigioso divórcio, impedido de ver suas duas filhas, mas esta história a ele pertence. Naquele mesmo momento, arrumei o que pude e saí de casa, deixando-o com sua esposa e minha irmã recém nascida, com quem nem tenho contato nos dias atuais. Entendi anos depois que ele simplesmente fez a escolha que julgou certa. Tenho algum rancor, mas compreendi suas razões. Às vezes é difícil aceitar o que nosso racional já concluiu.

Fui acolhido pelo pai de minha namorada, que tornou-se um de meus padrinhos. Tive muitos em minha vida. Nenhum deles o meu padrinho de batismo. Talvez eu deva fazer um comentário sobre religião neste momento. Parece-me oportuno. Considero-me um deísta e penso que quando agimos corretamente com os outros, respeitando-os e sendo altruístas, recebemos naturalmente em retorno. Os familiares costumam mencionar Deus, cada um a sua maneira, e sempre opto por respeitar a crença individual. Este apoio é importante num momento de dificuldade. O foco é sempre a saúde em toda a sua extensão, dos pacientes tanto quanto dos familiares.

Sou médico desde o terceiro ano da faculdade, quando senti responsabilidade por outra vida pela primeira vez, quando ajudei meu pai a retornar para a sociedade com a saúde que tinha antes e entendi o que enfrentaria nos anos vindouros. Ali assumi o fardo da profissão, suas insalubridades e suas recompensas.

As profissões que fundamentam a sociedade não têm mais importância. Nem o médico nem tampouco o professor, o bombeiro ou o policial têm destaque. O povo enaltece os astros, os atores e os atletas, que geram somas financeiras inimagináveis para suas empresas. Políticos fazem as leis em benefício próprio, com remunerações estratosféricas, enquanto aquelas profissões pelejam em busca de salários ao menos dignos. O mundo corporativo das empresas dita quem são as pessoas e as atividades importantes e por onde ocorre a circulação de enormes somas monetárias. É somente quando um cidadão necessita de ajuda para recuperar sua saúde, que ele enxerga quão importante é a profissão que pratico. Entretanto, uma vez atingido o bem estar, vêm consigo o conforto e a acomodação, seguidos logo após pelo esquecimento.

Ser médico já significou importância dentro da sociedade, num tempo em que íamos na residência das pessoas e elas nos recebiam bem e nos estimavam. Hoje, o médico é chamado de vagabundo e precisa fazer uma campanha para valorizar a si mesmo. É claro que não existem somente bons médicos. É ingênuo pensar assim, já que existem más pessoas.

Encontramos no sistema médicos que não agem corretamente, sem os princípios morais que a maioria considera certos. Tons de cinza são usados para explicar suas atitudes. Pequenas transgressões acontecem por vezes. Informações transmitidas com pressa, de maneira incompleta, esquecimentos, falta de cuidado e de carinho, erros técnicos e correrias para outros empregos são algumas delas. A sociedade, corrupta em todos os seus níveis, exige políticos honestos, de boa fé, estes uma amostragem dela própria, vilipendiados. E quando tentamos agir com transparência e boa índole, nos dizem que precisamos ser mais... políticos. Cabe a cada um de nós confiar ou não no próximo, independente do serviço que ele nos presta, seja médico ou qualquer outro profissional. A informação globalizada facilita esta avaliação. O instinto faz o resto.

Inúmeras vezes atendi pacientes que estiveram bem próximos de morrer, e agi junto com minha equipe para salvar-lhes a vida. O médico deve esquecer cada caso logo depois que acontece. Nosso objetivo é simplista. Queremos somente promover a saúde. Assim deve ser ou consumidos por orgulho nos tornaremos, o que pode causar nossa ruína e por conseguinte a dos pacientes de quem tratamos. Porém, todos gostamos de ouvir um agradecimento. Isto não deveria ser uma necessidade, mas no fundo é o que faz com que continuemos nosso caminho. O valor do esforço é delineado pelo prazer que sentimos ao ver o paciente recuperar-se.

Quando ouço um obrigado, seja quando o paciente sobreviveu ou quando faleceu sem sofrer, ganho energia para continuar a atender mais centenas antes de novamente precisar de outra recompensa moral. Encontrar um paciente de volta à sociedade quando o vimos tão próximo da morte é regozijante. Isto não é vaidade. Bem, talvez um pouco. Procuro fazer meu trabalho sem pensar muito, de modo automático. É mais ou menos como fazer uma escalada em montanha, em que não se olha para baixo ou corre-se o risco de cair. Buscar reconhecimento é errado. Já ouvi e até mesmo concordei com esta frase, mas se o agradecimento provoca um sentimento bom, então não deve ser evitado. Deixemos de falsa modéstia e pudores simulados.

***

Minha especialidade ainda não estava definida. Eu pensei em algumas, mas nenhuma cativou-me o suficiente. A maioria de meus conhecidos seguiu o ramo de seus pais. Já tive um pouco de emulação por eles nos tempos de faculdade, porém não mais há muito tempo, desde que encontrei meu caminho e o segui. Mesmo com as dificuldades por que passo, continuo trabalhando feliz na maioria dos dias. É difícil estar bem sempre. No universo de um centro de terapia intensiva, ou CTI como é chamado mais frequentemente, o prazo de validade para a saúde do próprio intensivista, o médico especialista, é bastante limitado. Trabalho com alguns colegas com depressão, tenho meus maus momentos com frequência e uma amiga de profissão suicidou-se recentemente. Mas por ora basta. Falarei sobre a medicina intensiva e os intensivistas mais adiante ou passarei a imagem de que somos todos insanos.

No início do quarto ano da faculdade, entrei pela primeira vez em uma grande emergência de um hospital público. Iniciava-se meu estágio de um ano nesta especialidade tão mal reconhecida no país, em que trabalham médicos recém formados ao invés de emergencistas experientes, devido à má remuneração e à insalubridade. Especialidade que traça a sobrevivência ou não de muitos pacientes, mas que não é valorizada pelos governantes, que deveriam recompensar melhor e mais dignamente os profissionais que abastecem os pronto-socorros do país afora.

A realidade é que existem universidades demais, que formam alguns médicos de qualidade técnica discutível que não seguem mais os preceitos da medicina antiga, baseados nos estudos, na prática clínica, em ética e moral e nos ensinamentos ao próximo. Ainda existem inúmeros bons profissionais formando-se a cada ano, mas é notoriamente conhecido que o aumento na quantidade leva a um declínio proporcional na qualidade. Isto aplica-se à maioria dos serviços a que temos acesso, tal qual um bom restaurante, que abre as portas com dez mesas e torna-se excelente com o transcorrer dos primeiros meses a anos, bem sucedido em todos os quesitos que o fazem receber elogios e que vinculam a ele seus frequentadores. Em um dado momento, o prazer de servir bem àquela dezena já não mais satisfaz, talvez por necessidades financeiras próprias ao estabelecimento, ou então por fins lucrativos, e tudo que motivou o início das atividades lentamente se esvai do foco. Todas as qualidades e recompensas da arte são trocadas por ganância.

O médico é hoje o que fez de si próprio ao longo de incontáveis décadas. É um arremedo do que já foi, com desigualdades sociais e financeiras enormes, indistintamente de sua habilidade na arte da medicina. Devo mencionar que a medicina não mais é conhecida por arte, mas sim por um conjunto elaborado - denominado em sentido abrangente como ciência - de técnicas, modernidades e evidências, em verdade corretas, mas que muitas vezes são interpretadas sem bom senso. A arte é definida como propriedade de quem tem destreza e mestria, característica do ser humano para diversas atividades, que sempre constituirá parte essencial da medicina. É a capacidade, por talento e estudo, de atingir resultados eficazmente. Arte e ciência combinadas em suas acepções amplas definem a medicina, mas a origem desta reside na primeira. A medicina intensiva precisa valorizar grandemente a porção ciência, mas nunca deve preterir sua procedência.

Nos dias de hoje, é comum a comparação da medicina intensiva e seu ambiente, o CTI, com a cabine de um grande avião comercial. Todas as luzes e botões em cada pequeno espaço do painel, a complexidade de informações que esta interface revela quando o piloto tenta comunicar-se com a aeronave, a necessidade de conferências repetidas e minuciosas de cada mínimo detalhe e a consciência de que o funcionamento correto de todos os mecanismos depende de uma pessoa, um ser humano. Nenhum erro é permitido. As consequências são as mais severas quando algo escapa-lhe à percepção. Vidas se perdem e por conseguinte, projetos e felicidades de familiares que são imersos de súbito na verdade inegável de que seu parente morreu. Mesmo em vôos longos e difíceis a atenção deve ser plena. Quando um piloto controla seu avião por mais de doze horas nestas condições, é direito seu repousar por outras tantas, em torno de vinte e quatro horas ao menos. Centenas de passageiros dependem dele. Quanto ao médico intensivista, de quem tanto dependem os oito, dez pacientes que na maioria das vezes têm risco de vida bastante elevado, a este não é conferido momento de descanso, pois ele termina uma jornada, e mesmo que tenha permanecido desperto, de pé e trabalhando por doze horas incessantemente, terá que rapidamente deslocar-se até outro de seus diversos empregos. Há bastante tempo ainda para fazer outras analogias e descrever o dia habitual de um intensivista.

Atualmente, prima-se por diretrizes fundamentadas em pesquisas, leituras complexas que necessitam anos de estudos nos meandros da medicina para interpretação, e que vemos frequentemente como instrumentos de confrontamento por familiares quando veiculados pela mídia. Fazemos seis anos de universidade; diversos estágios paralelos à esta em outros hospitais; dois a cinco anos de pós graduação, a chamada residência médica; anos de mestrado e outros tantos de doutorado para alguns de nós; dezenas de cursos e congressos, aulas e apresentações; infindáveis turnos de trabalho, os chamados plantões, muitas vezes em feriados e finais de semana; estágios no exterior, onde temos que sofrer as dificuldades de um estrangeiro em outros países; estudos em livros e periódicos diariamente. Tudo isto tem que contar quando avaliamos e conduzimos um caso. Parece simples para um familiar que fez uma leitura em textos na *internet* e pensa conhecer o assunto da mesma forma. Estes anos, décadas de experiência, fazem realmente diferença na condução de cada situação clínica.

Chegará o momento de divagar novamente. O primeiro turno de plantão que fiz como estudante, o chamado acadêmico de medicina, durou as vinte quatro horas de um sábado qualquer. O cenário era uma ininterrupta vinda de pessoas à emergência, com doenças diversas. Foi um caleidoscópio de sensações. Medo, insegurança, desajuste, incompreensão e humildade faziam a balança pender fortemente para baixo. A compulsão por limpeza piorava tudo isso. Eu aplicava conhecimentos adquiridos há menos de um ano em contatos com alguns pacientes, que pouco ajudavam-me. Tentei organizar minha mente e minhas emoções e lembrei-me que não estava sozinho. Havia colegas e médicos com boa experiência supervisionando a todos nós. É o antigo escambo de trabalho braçal por ensinamentos. Tentei inteirar-me daquele universo o quanto pude. Conheci todas as salas, onde ficavam os equipamentos e fiz anotações de todos os medicamentos disponíveis no posto de enfermagem, que mais tarde transcrevi a um bloco de notas que ainda hoje possuo, junto às outras tantas quinquilharias que juntamos durante nossas vidas por sentimentalismo.

Lembro-me daquela primeira noite em que dormi fora de casa, participando de uma divisão do horário noturno e permanecendo alerta por toda a sua duração. Este costume é regra entre os plantonistas, para que possa haver quando possível ao menos algumas poucas horas de sono, sem prejuízo à vigilância dos pacientes. Um sono leve, cansativo, programado para terminar a qualquer instante por um chamado seguido de um rápido salto da cama. O famoso sono com um olho aberto. É como se desligássemos somente a tela de um computador, que velozmente ganha iluminação outra vez ao menor movimento de um de seus periféricos.

***

Na semana seguinte, eu estava de volta ao hospital. Percorri com os olhos todos os livros que pude em busca de informações sobre as doenças que havia visto naqueles pacientes. Aos poucos ia ganhando confiança. A repetição dos casos trazia aprendizado.

Foi então que comecei a presenciar mortes. Já havia visto inúmeros cadáveres nas aulas de anatomia, mas isto era obviamente diferente. A realidade de um corpo recém privado de vida, frio e sem movimentos, embora sem a dureza das peças inertes estudadas poucos anos antes era angustiante. Cada perda resultava em profunda tristeza, embora também causasse certo enrijecimento das emoções. Todavia, ainda hoje, quando acompanho os últimos momentos de qualquer doente que não resiste à sua moléstia e falece, irresponsivo às medidas que empregamos, permaneço no leito olhando-o por breves segundos, desejando que esteja em paz e sem sofrimento. Naquela grande emergência atendi pacientes de extrema gravidade, e não foram poucos os que vi morrer.

Nesta época tive meu primeiro contato com os chamados procedimentos invasivos. Faço uma breve descrição. Cada vez que necessitamos de um dispositivo - uma porta de entrada como são conhecidos os cateteres que introduzimos através da pele em vasos sanguíneos e outros locais - para tratar adequadamente um paciente grave, fazemos sua instalação de maneira muito semelhante a um procedimento cirúrgico. Todos são de certa maneira uma compulsão do intensivista. Vi-me atraído por eles de imediato, antes mesmo de frequentar um CTI.

Chamou minha atenção o mais apreciável dos procedimentos. A intubação traqueal. É através dela que corrigimos a insuficiência respiratória, condição comum em muitas das doenças graves, que pode levar à morte rápida se não assistida adequadamente. É pura exaltação o momento de sucesso e antagonicamente, o maior drama que podemos passar quando falhamos. Atualmente, existem dispositivos que contornam dificuldades inerentes à anatomia dos pacientes, mas nem sempre foi assim, e a maioria de nós já experimentou perda alguma vez. A tristeza dura semanas, pesadelos o atormentam diariamente e o choro vem incontido em momentos. Parece-me parte do processo de nos tornarmos mais fortes do qual falou Nietzsche. Preferiria que houvesse outra maneira, mas maturidade, prática e sabedoria vêm somente entremeadas a falhas. Ainda agora sinto lacrimejar meus olhos quando penso em algumas pessoas que morreram sob meus cuidados, irresponsíveis aos tratamentos oferecidos. Sei que somos apenas seres humanos, e penso em nosso papel transitório aqui, mas o conhecimento não traz aceitação.

Naquele ano morava com minha primeira esposa. Recebi apoio incondicional de seu pai, a quem amei como meu e que vi morrer alguns anos mais tarde. Tenho fixo na memória o momento em que ajudei a tranferir seu cadáver inerte e gelado da maca para o caixão. Ele sofria de câncer há algum tempo e terminou por sofrer evento agudo que parou seu coração. Na maior parte do tempo, lembro-me dos episódios de felicidade e o vejo rindo. Desejo que ele esteja bebendo bastante vinho e comendo boas refeições no grande salão.

Eu o vira na noite anterior, havia conversado com ele, e horas mais tarde, recebi uma ligação durante o serviço, que trouxe a dolorosa realidade à minha mente. Lembro-me bem do sofrimento e da desorientação. O contato fora efetuado por uma telefonista ou assistente social, indiferente, solicitando meu comparecimento ao hospital. Era inegável que ele morrera, e tentei em vão obter esta confirmação. Desejei que o médico houvesse feito a chamada, com palavras de alento e compaixão proferidas com honestidade. Aprendera outra lição. Jamais permitiria que outros fizessem este trabalho e tampouco provocaria receio e medo. Diria a verdade. Procuraria identificar o familiar de referência para avisar em caso de adversidade ou falecimento, causando comoção ao mais fortalecido e poupando o mais frágil.

Sempre recordo o que senti quando converso com um familiar angustiado pela condição de seu parente ou diante da notícia de sua morte. Cerca de duas vezes ao mês tenho essa incumbência, e a cumpro com zelo e respeito. Sempre informo pessoalmente aos familiares e permaneço com eles o tempo necessário. Suas reações são as mais diversas e objetivo entendimento e apoio a cada uma delas. Já derramei lágrimas algumas vezes, mas tento evitar a percepção dos que já estão sofrendo, ou ao menos torná-la discreta. Um abraço no familiar enquanto luto para controlar meu pranto costuma ganhar-me tempo, antes de deparar-me com sua face novamente. Sempre sofro mais com pais que perdem filhos jovens em acidentes e com casais de idosos, juntos há tantas décadas, que vêem-se repentinamente sozinhos.

O CTI é conhecido por ser um lugar onde as pessoas morrem. Isto de fato acontece, mas existem situações distintas, como a morte provocada por doença ou acidente, aguda e inesperada, e a morte lenta em que o corpo ruma para disfunção e irresponsividade aos tratamentos empregados já há algum tempo. Há um tratamento porém que sempre obtém sucesso, conhecido pelo nome de analgesia, ou ausência de dor. A maioria dos nossos pacientes entretanto, é devolvida à sociedade em condições idealmente iguais às que antecederam sua vinda ao hospital, com saúde uma vez mais.

Aquele ano de mil novecentos e noventa e oito transcorreu morosamente. Permaneci dentro da emergência durante cerca de mil e duzentas horas, montante próximo às mil e quinhentas horas requisitadas para pilotos de linhas aéreas. Ainda estava porém na primeira etapa rumo à formação. Dezenas de milhares de horas de treinamento ainda seriam necessárias para adquirir as habilidades primárias de um intensivista. Eu desconhecia completamente a existência de um ramo da medicina que atendesse o paciente grave. Nem imaginava existir um título de especialista em medicina intensiva, tal qual o brevê obtido pelo piloto após aquelas horas iniciais, mas que para mim demoraria ainda longos anos para ser conseguido.

Minhas compulsões por limpeza e higiene excessivas, adquiridas na adolescência, iam evanescendo lentamente. Eu dormia em uma cama diversa da minha todas as semanas, convivia com doenças e sujidade, e com a nocividade e o desconforto das instalações oferecidas aos médicos do serviço público. Aos poucos imbuía-me de altruísmo e compaixão. O paciente assumia foco principal e eu compreendia o quão complexa era a atuação do médico hospitalista. Como um detetive no início, obtendo informações fragmentadas da história que trouxe o paciente ao hospital, muitas vezes fiando-se em relatos de familiares, de forma bem diferente da consulta calma e detalhada de um consultório. Em alguns momentos, a história inexiste por completo, sem nenhuma peça do quebra-cabeças para juntar, restando agir de imediato com a capacidade observacional e dedutiva. Condições prévias de saúde e uma série de perguntas norteavam o raciocínio. O exame físico confirmava as suspeitas já formuladas. A decisão quanto aos exames complementares a solicitar, tendo em mente rapidez, funcionalidade, conforto do paciente e exequibilidade e custo, era e continua sendo trabalhosa, e muitas vezes o tratamento é iniciado sem um diagnóstico causal, mas apenas sindrômico, pois não se pode perder tempo.

Ao mesmo tempo em que os procedimentos são feitos e a tão pronunciada estabilização clínica é intensivamente almejada e perseguida, é atrasada a primeira de muitas conversas com os familiares que estão ansiosos e ávidos por notícias e desconhecem todo este demorado processo que é executado durante sua angústia na sala de espera, sem imaginar que toda a equipe pode ser necessária nos primeiros momentos do atendimento. Gostaria de poder recebê-los tão prontamente quanto merecem, mas tenho que priorizar o paciente acima de todo o resto. Este processo, que comecei a vislumbrar na emergência, foi gradualmente incorporando-se à minha prática clínica, tornando-me mais rápido e preciso à medida que o aperfeiçoava no CTI a partir do ano seguinte.

Durante a universidade, fiz planos para três estágios extracurriculares que considerava fundamentais: medicina de emergência, medicina intensiva e maternidade. Confesso que pouco permaneci neste último.

Segui adiante, tendo entrado poucas vezes no CTI durante o período na emergência. Ouvia porém histórias sobre os casos e desfechos que lá ocorriam. Sobre como os médicos intensivistas eram excelentes clínicos que dominavam todas as especialidades, entendiam de aspectos cirúrgicos e ainda faziam procedimentos invasivos frequentemente. Eram considerados os mais habilidosos na intubação traqueal de urgência e na punção e instalação de cateteres vasculares, além de ágeis e resolutivos. A particularidade de sua atuação que eu então desconhecia era o notável raciocínio diagnóstico, algorítmico até, realizado em beira-de-leito, termo que ainda ouviria e perpetuaria muito nos dias vindouros e que descreve o ato de literalmente permanecer ao lado do paciente em momentos de diagnóstico e tratamento.

Na universidade, interessavam tanto a clínica médica quanto a cirurgia geral. Eu sofria da mesma incerteza que muitos de meus colegas, sem ter escolhido ainda que especialidade seguiria. Muitos médicos já atravessam os portões da faculdade determinados quanto à especialização que tomarão como suas. Destes, tantos outros experimentam mudanças e decidem por trocar suas escolhas iniciais. Alguns, como eu, são atraídos de forma irremediável para certo trajeto, e outros ainda traçam planos diversos tardiamente, inclusive longe da medicina, após o término do curso médico.

***

Vejo-me novamente no fim do ano de mil novecentos e noventa e nove, no início desta narrativa. Passado o ano novo, iniciei aquele que seria meu último estágio, quando fiz a escolha que me prenderia à vida que hoje tenho. Como que por mágica, vi-me atraído ao CTI assim que adentrei suas portas e vislumbrei um ambiente organizado, monitorizado, onde eu imaginava que tudo estaria sempre sob controle absoluto. Mais tarde descobri o quão errado estava, mas naquele momento, tornei-me um intensivista.

Fazia um plantão noturno às quartas-feiras e um diurno aos domingos, ambos com doze horas de duração. E nestes mesmos dias segui por todo aquele ano e pelos próximos seis, já em minha vida profissional, relato que farei algumas páginas mais à frente. Tinha dois colegas acadêmicos, ou estagiários, e três médicos supervisores, além de médicos diaristas com quem tinha contato aos domingos. Aí iniciou-se minha admiração e inspiração. Enxergava em alguns deles os médicos que gostaria de tornar-me. Cada um contribuía com alguns elementos e eu os sorvia, aproveitando seus ensinamentos e sua experiência.

A primeira vez que vamos ao leito de um paciente no CTI, nos enchemos de medo e realmente não sabemos por onde começar o exame clínico. O cenário constitui-se de uma cama larga com um paciente edemaciado, notavelmente nas mãos e na face, por vezes quase irreconhecível; frequentemente com um tubo traqueal introduzido por entre seus lábios, preso aí por fita ou outro dispositivo; com olhos fechados e inchados também; inerte sob uso de sedativos; utilizando fraldas, que são absolutamente necessárias mas remontam à perda da dignidade; e com um enorme maquinário ao seu redor.

Aproximando-nos um pouco mais, percebemos que todo o seu corpo está edemaciado; que há outros dispositivos invasivos, como um tubo, denominado cateter enteral, penetrando uma de suas narinas ou sua boca, através do qual são feitos alimentação e medicamentos diretamente no estômago; um cateter em uma veia profunda, como chamamos, que usualmente localiza-se abaixo da clavícula ou no pescoço, ou mesmo na virilha, para administração de antibióticos e inúmeros outros medicamentos; um cateter em uma artéria, no punho ou na região inguinal mais comumente, que nos permite monitorizar a pressão arterial a cada batimento do coração, possibilitando uso de medicamentos para aumentar ou abaixar a pressão por via intravenosa; um cateter na bexiga, que nos permite acompanhar o volume e o aspecto urinários. Por vezes outros drenos diversos também estão instalados, até mesmo cateteres na cabeça para drenagem do líquor que banha nosso cérebro, tal qual o ladrão de escape da caixa d'água em situações em que este se acumula e causa aumento de pressão. Vemos que há um ventilador artificial, que parece soprar ar para os pulmões - o que ele realmente faz - e pequenos aparelhos chamados de bombas de infusão, que administram os medicamentos a velocidades precisamente controladas por tempo definido. Observamos lençois e mantas especiais e máquinas de hemodiálise com um prolongado circuito cheio de sangue, que é transportado por ele até um filtro. Além disso, ouvimos os sons provocados por todos os equipamentos de monitorização e seus ajustes de alarme, tão mencionados e temidos mesmo entre os médicos em geral.

Assustamo-nos de imediato e logo pensamos se o paciente está ouvindo, se está com dor ou sofrimento, se podemos tocá-lo e onde, e por que parte iniciamos o exame clínico, receosos de desposicionar ou arrancar algum daqueles dispositivos. Assim foi meu primeiro contato, provavelmente bem semelhante ao que sentem os familiares quando entram pela primeira vez no CTI.

"Em agradecimento ao tratamento carinhoso e eficiente da equipe, que resultou em uma nova vida para mim."

Ouço com frequência familiares perguntando quando seu parente irá acordar, em que momento o inchaço irá desaparecer e qual aspecto do quadro clínico eles devem observar. Sua ansiedade é plenamente justificada. Mencionam que são leigos e não entendem do assunto, e pedem desculpas. Esta humildade é diretamente proporcional à arrogância demonstrada por alguns médicos. É nossa obrigação explicar de forma simples e coloquial, buscando satisfazer todas as dúvidas. É um direito do paciente e de seus familiares o acesso a todas as informações cabíveis. Traçar comparações, abordar os assuntos com seriedade e às vezes um toque de bom humor quando preciso, acalmando e confortando, é parte essencial de nossas obrigações. Solicito então que não peçam desculpas, mesmo nos episódios em que se descontrolam. São seus parentes que estão sofrendo com doenças. É justo que saibam tudo o que há para se conhecer.

Com a melhor compreensão obtida por estudos ao longo das últimas décadas, entendemos melhor diversos mecanismos de doença, e não mais deixamos o paciente dormindo profundamente, mas primamos por sedação leve e saída rápida do ventilador, evitando infecções e complicações clínicas. É claro que muito do trabalho depende do paciente, suas predisposições, até genéticas, e seu sistema imunológico. Quem dita o ritmo das intervenções e das desinvasões é ele e não nós.

O edema ou inchaço, outra situação que foi melhor entendida, é relacionado ao tônus dos vasos sanguíneos, capacidade em contrair-se e distender-se, e à permeabilidade através de seus poros, ambas características alteradas que permitem extravasamento de líquido para fora, indo acumular-se sob a pele. Isto ocorre quando há inflamação no corpo, geralmente com pressão arterial baixa, que retorna à normalidade somente com uso de remédios. Nas fases agudas, praticamente todos os pacientes manifestam algum edema. Nós tentamos sempre dar a quantidade apropriada de líquido intravenoso nos dias de hoje. Nem muito, nem pouco. Ambos podem fazer mal, como a maioria de tudo a que nos submetemos em vida. Esta habilidade particular da medicina intensiva é muito mais complexa do que a conhecida administração de soro intravenoso, sendo chamada monitorização oxi-hemodinâmica, exigente de ferramentas tecnológicas e treinamento substancial.

Após as primeiras setenta e duas a noventa e seis horas, o momento mais crítico costuma passar e o paciente mostra para que caminho vai rumar. Durante estes primeiros dias, muitas vezes a situação é igual à de um navio na tempestade, onde não há sol, somente chuva, sem rumo definido, meio que à deriva num oceano de água revoltas. À medida que o tempo passa, a chuva diminui e as águas ficam mais calmas. A seguir, aparece o sol entre nuvens e conseguimos traçar um curso mais bem definido. Mas é somente quando vemos terra que temos confiança que o pior ficou para trás.

O CTI tem ritmo extremamente dinâmico. Imensidões inteiras de tempo acontecem num mesmo dia. Costumo dizer que deve-se ir dia após dia, por vezes hora após hora, galgando um degrau a cada passada. A equipe do CTI fica presente durante as vinte e quatro horas dos sete dias da semana, tratando com afinco e intensidade os pacientes e apoiando seus familiares. Estes também são de nossa responsabilidade. Os dias se vão, e com eles as conversas, uma ou mais vezes diariamente, com duração prolongada de trinta minutos, às vezes mais, com números de familiares que podem chegar a mais de uma dezena ao mesmo tempo para cada um dos oito a dez pacientes que assistimos, todos ansiosos, com receios, por vezes ainda não decididos quanto a depositar confiança plena em nossa equipe. Em verdade, conversamos com cerca de trezentos a quatrocentos familiares, além de médicos assistentes, de mais de sessenta pacientes, todos os meses num CTI de oito leitos. Tamanha experiência, com tantas personalidades e comportamentos diferentes, confere fluência ao modo como nos exprimimos e aumenta nossa capacidade de ajudá-los, usando ferramentas que eles mesmos nos fornecem.

Ao longo do ano dois mil, conheci de forma intensa o ambiente de um grande CTI, com todos os seus profissionais diaristas enquanto havia luz no céu, e os solitários plantonistas que chegavam junto ao véu escuro da noite. O contraste é inequívoco apesar de o CTI funcionar continuamente. As programações são feitas pela manhã e cumpridas prontamente ao longo de todo o dia assim como durante a noite. Também resolvem-se adversidades que fogem ao que esperamos, as chamadas intercorrências. Isto é válido para os pacientes que já estavam internados desde a véspera, mas durante a internação a fase de resolução é imediata e o trabalho demora o tempo necessário, ininterruptamente. Comecei a entender quão difícil é o período noturno, onde luta-se contra a natureza de relaxar a mente e dormir, em prol de manter o raciocínio aguçado e os instintos em alerta. Os pacientes têm que seguir em tratamento intensivo, constante e homogêneo ao longo de todos os plantões, como uma corrida de revezamento em que o bastão nunca deveria cair, pois o preço da eliminação seria uma vida. A equipe é constituída por todos os integrantes. Isto é o que define um CTI e seus médicos, enfermeiros e fisioterapeutas intensivistas.

As semanas transcorriam cheias de tarefas. A universidade demandava tempo e estudo. O internato aproximava-se. Este foi o período, na época com duração de dezoito meses, em que fiquei imerso em enfermarias de diversas especialidades clínicas e cirúrgicas, quando os pacientes eram deixados sob minha responsabilidade, em conjunto com um supervisor docente e outros colegas. Começávamos a agir como médicos. Mas toda semana eu aguardava ansiosamente pelo próximo plantão no CTI onde cada vez mais sentia-me confortável.

Em algum ponto do curso médico, eu decidira por fazer cirurgia. Quando minha escolha verteu para a medicina intensiva, agradou-me a necessidade de treinar e tornar-me apto em procedimentos invasivos. Supria assim o desejo de executar intervenções técnicas habilmente. O que eu apreciaria progressivamente mais entretanto, seria o raciocínio lógico e dedutivo, característica marcante do médico intensivista que o aproxima do clínico, tanto que para ingressar na residência de medicina intensiva nos dias atuais é necessário como pré requisito já ser especialista em clínica médica, cirurgia geral ou anestesiologia.

Na época minha experiência era limitada, mas ao acompanhar e interagir, participando de discussões em todos os plantões com os médicos, ficava cada vez mais impressionado com seu conhecimento acerca de todos os campos clínicos e cirúrgicos, além dos aspectos relativos ao momento em que a doença assume gravidade e o risco de vida aumenta enormemente. É aí que o CTI e o intensivista bem treinado fazem diferença na evolução do paciente. Nós não fomos preparados, acostumados ou treinados para viver no ambiente de uma enfermaria, onde a evolução se dá morosamente. Somos forjados no campo de batalha, com vários pacientes graves complicando simultaneamente, necessitando de procedimentos, diagnósticos rápidos e tratamentos eficazes. Admito que sinto prazer nestas situações, pois é aí que desempenho o que sei fazer melhor. Para o diagnóstico de uma doença extremamente incomum e complexa, precisamos da ajuda de especialistas no assunto. E não hesitamos em pedí-la. O importante é o paciente. Vaidade causa a sua punição e não a nossa. É um pecado que não podemos praticar.

Pelo CTI circulam todas as especialidades de um hospital em dado momento, além de podermos ter quase todos os exames diagnósticos complementares no leito, à exceção principalmente de tomografia computadorizada e ressonância magnética. É sempre crucial decidir se um exame é realmente importante, se irá modificar nossa conduta; caso contrário optamos por não realizá-lo devido a futilidade e risco adicional para o paciente, particularmente em caso de transporte para fora do setor.

A primeira vez em que puncionei uma veia profunda para uso de medicamentos especiais, causou-me desejo por mais. É sabido que um intensivista pode ser considerado experiente nesta técnica quando já a realizou algumas centenas de vezes. Após muitos anos, os números literalmente vão passando de milhares. Na residência praticava dois a três quase todos os dias. Punções com cateteres arteriais e intubações traqueais seguem o mesmo princípio. Nos empenhamos sempre para fazer melhor e mais rapidamente os sucessivos procedimentos, mas mesmo com esta grande experiência existem riscos de complicações inerentes, principalmente quando o paciente tem uma anatomia incomum.

Todos os dispositivos que instalamos têm um propósito definido e sem eles não seríamos capazes de tratar adequadamente os pacientes. Somos coletivamente chamados de invasivos por nossos colegas não intensivistas. É fato que cada dispositivo inserido no paciente confere risco de infecção, que é reduzido com os cuidados adequados de uma boa equipe. No entanto, é realmente impossível tratarmos casos graves sem eles. É o risco-benefício das intervenções que fazemos no paciente grave, quase como se ele estivesse em uma gangorra todo o tempo. Quando se acompanha diariamente a evolução de um paciente é fácil perceber esta necessidade. Por outro lado, a retirada dos cateteres, a desinvasão, marca a melhora clínica. Instalamos quando e sempre que preciso e removemos assim que possível. Este é nosso lema.

Recordo-me também da primeira intubação traqueal da qual tomei parte. Este é o procedimento cardinal. Quando indicado, salva a vida do paciente no momento em que é realizado, impedindo asfixia por insuficiência respiratória. Foi em um plantão noturno, somente poucas horas antes do alvorecer. Compuseram o cenário um paciente em insuficiência respiratória aguda, com tremendo esforço muscular e dificuldade extrema para fazer entrar ar em seus pulmões, porém ainda plenamente consciente, e o médico plantonista, anestesiologista e intensivista, que o abordou junto ao leito com carinho e voz calma, explicando que a falta de ar não melhoraria e que seria necessário introduzir um tubo por sua boca e acoplar um ventilador artificial para que seus sintomas melhorassem. Disse também que o faria sob uso de medicamentos para tirar a dor e fazer dormir e que ele nada sentiria. E tudo isso ele fez enquanto já se preparava e paramentava para o procedimento. Ao término da explicação, o paciente proferiu com esforço palavras que me surpreenderam. Pediu que o intubasse. Acompanhei-o durante todo o tempo, cheio de admiração.

***

O ano passou lentamente. Eu assistia, participava e aproveitava ao máximo tudo que podia, principalmente as discussões. Era o meu primeiro contato com os *rounds* diários, reuniões multiprofissionais que duram frequentemente cerca de hora e meia, uma verdadeira junta entre médicos, enfermeiros e fisioterapeutas que ocorre todos os dias para organizar as idéias e consensar as programações. Obtia-se o melhor da contribuição de cada participante em benefício da mais favorável evolução. De manhã examinamos e vamos realizando todas as condutas necessárias à medida que aparecem, acumulando todas as informações, devidamente registradas em prontuário, que geram o ponto de partida para o *round.*

Comecei a comprar livros de medicina intensiva, a participar de cursos e congressos e a estudar o assunto cada vez mais. O universo do CTI contido em um único paciente, intrincadamente grave, havia me seduzido.

As noites de plantão são sempre trabalhosas e solitárias. Enquanto nossos próprios familiares estão em casa dormindo, estamos muitas vezes acordados por toda a noite. Assim eu ficava, no salão com iluminação reduzida para tentar preservar o sono noturno dos pacientes com sedação leve a moderada, rondando entre os leitos em companhia das telas dos monitores e seus sons, verificando se todos estavam bem, sem evidências de dor nem desconforto, se os sinais vitais e a diurese permaneciam estáveis e fazendo ajustes nos medicamentos que infundimos continuamente através de bombas automatizadas.

O término de um plantão em que não havia complicações nem adversidades, mas evoluções favoráveis, trazia enorme sensação de dever cumprido. Tristeza profunda ocorria em situação inversa. Após uma década vivendo em centros de terapia intensiva, hoje me vejo mais endurecido. Alguns chamariam-me de frio, mas na verdade este amortecimento de emoções é método compensatório fundamental para a existência do intensivista em seu *habitat.* Criamos mecanismos protecionistas para suportarmos as tristezas diárias de nossos pacientes e seus familiares sem sucumbirmos junto a eles. Casos muito intensos entretanto ainda conseguem penetrar nossos escudos intangíveis e provocam lágrimas em nossos olhos. À noite desperto pensando em determinado paciente quando este encontra-se muito grave e irresponsivo ao tratamento, sentindo impotência e tentando achar outro meio de ajudar. Consulto as fontes do saber - livros, revistas e artigos - tentando achar outras soluções. Nem sempre conseguimos vencer. Todo mês presencio a morte de dois ou três pacientes, e mesmo sabendo que era esperada pela gravidade, este fato não acalenta a mente.

Com o passar dos meses, o treinamento vai surtindo efeito. As habilidades técnicas vão se desenvolvendo, a memória e o raciocínio vão se tornando cada vez mais aguçados e o júbilo da condução adequada de um caso fica impresso em nosso pensamento. Decoramos os medicamentos e suas doses, ainda sentindo insegurança tremenda ao fazermos uma prescrição, mesmo com tantas informações disponíveis. Na antiguidade, o conhecimento médico era transferido pessoa a pessoa, artesanalmente. Nos dias atuais, a difusão do conhecimento é como uma linha de produção industrial, porém ele existe em demasia, elaborado em todo canto do mundo, ao alcance por meio da *internet*, mas impossível de ser assimilado em sua completitude por um indivíduo. Novamente, a arte da medicina se faz presente, pois a antiga técnica de ensino ainda é essencial para a formação e manutenção do conhecimento do médico, tornando-nos mais rápidos, precisos, embasados e eficazes.

No CTI, temos sempre a presença de internos, acadêmicos e residentes de outras especialidades que têm passagem temporária por lá. O conhecimento que obtêm é fugaz, mas seu objetivo é cumprido. Perdem o medo do centro de terapia intensiva e do paciente grave. Todo médico, independente de sua especialidade, acaba por fazer estágio durante um ou dois meses até um ano, desenvolvendo uma breve visão da atividade diária que ali se pratica. A grande maioria afasta-se desta área de atuação, proferindo que nós intensivistas somos loucos por trabalharmos no CTI. Talvez tenham razão.

O final do ano se aproximava e logo eu estaria no último ano da universidade. Minha especialidade estava definida. Minha vida profissional parecia direcionada, tanto quanto minha vida pessoal, com a futura mãe do meu filho.

***

Iniciei o ano de dois mil e um com o fim da graduação à vista. Muito em breve me tornaria médico. Neste ano, um novo processo seletivo vinha ao meu encontro. A residência médica, pós-graduação reconhecida pelo Ministério da Educação, confere o título de especialista por formação. Há também o título da Associação de Medicina Intensiva Brasileira, a AMIB, sociedade de especialistas filiada à Associação Médica Brasileira, que pode ser obtido pelo aspirante, mediante prova.

Com vinte e dois anos de idade, ainda tinha um longo caminho como aluno a percorrer. A obrigação de frequentar aulas faria parte de minha vida por muito tempo, e estudar seria uma exigência eterna. Entramos na faculdade muito jovens. Ouvia muito nessa época que o médico só era respeitado quando ganhava alguns cabelos brancos e fazia dez anos de formado. Bem, aqui estou eu hoje exatamente preenchendo estes critérios, mas chegando até este momento, alcanço a irrefutável conclusão de que pouco se passou e a maior parte ainda está por vir. O respeito por mim mesmo, por meus colegas e pelos pacientes e seus familiares, é conquistado nas ações, nas atitudes corretas, no apoio incondicional, e não através de fios brancos e do peso dos anos.

Com a chegada deste novo ano, tomei a decisão de permanecer no CTI, estagiando somente no plantão diurno, onde incauto e imaturo, orientava os acadêmicos recém ingressados nas fileiras. Meus dois colegas seguiram outros rumos e especialidades próprias, como tantos outros que por ali passaram, mas eu perdurei naquele setor, sem saber ao certo qual seria o desfecho.

Por todo aquele último ano da faculdade segui em meu estágio. Havia encontrado o caminho. Outra escolha em minha vida, que fiz instintivamente. Nestes tempos, valorizava e admirava pessoas que me ensinavam, que demonstravam conhecimento técnico e prático corretos e nas quais eu confiava. Nestas enxergamos quem desejamos nos tornar. À medida que os meses iam seguindo seu curso, eu agregava valores e postura, aprendia a conversar respeitosamente com cada paciente, na verdade pessoas como eu que estavam fora de suas casas, em enfermarias e salões do CTI, junto com estranhos, no momento mais difícil de suas vidas. Preocupava-me com seu bem estar, com suas necessidades físicas e emocionais.

Assumi inúmeros mestres durante minha formação. Alguns me ensinavam com afinco; outros estavam presentes quando eu passava dificuldades; e outros ainda tiveram conversas duras que ajudavam-me a retomar o curso certo a tempo quando eu fraquejava. Inspirado por eles, almejando um dia ser tão bom médico, aprofundava-me incansavelmente na prática e nos estudos diários.

Recordo-me de uma episódio pessoal que surtiu grande ensinamento. Havia lesionado um braço, e compareci a atendimento em uma clínica ortopédica. Fui recebido com polidez e retribuí com arrogância. Solicitei uma radiografia no início da conversa, quando o médico tentava determinar a história. Ele interrompeu a entrevista, fez uma solicitação para o exame e pediu-me que aguardasse na sala de espera. Senti-me envergonhado. Desejava não ser tarde para reparar meu erro. Quando de posse do exame, ele chamou-me para sua sala novamente, entregou-me o filme e despediu-se. Nunca me esquecerei daquele ensinamento de humildade e em como ele gargalhou e apaziguou meu tormento logo em seguida, completando a consulta e permitindo que eu me retratasse. Gostaria que todos os estudantes de medicina com seus egos supervalorizados sofressem tal reprimenda.

Já não tinha mais contatos fora do meu ambiente profissional. Meus conhecidos, amigos e todos com quem me relacionava estavam entre colegas de profissão. Abdicamos de tanto. Viagens que não pudemos fazer; festas a que deixamos de ir; finais de semana de sol ou frio e chuva, em que temos vontade de ficar em casa com nossas namoradas; feriados nos quais a cidade muda de figura, quase paralisada em um dia de calma e descanso; manhãs em que despertamos de pronto ainda sem toda luz na abóbada celeste; incontáveis noites dormidas fora de casa, interrompidas e fragmentadas ou totalmente em claro; ausência em eventos, muitos deles importantes, que trocamos pelo senso de cumprir nosso dever para com os pacientes. É bastante difícil.

Eu não me queixo do que deixei de fazer, talvez um pouco no momento em que acontece a perda, mas incomoda este sacrifício não ser valorizado, nem tampouco compreendido. Pensam frequentemente que somos pedantes e egocentricamente hiperinsuflados, mas a verdade é que somos repletos de anseios e fraquejos. Todas as profissões têm seu valor, mas as bases da sociedade atuam silenciosa e discretamente, motivadas por princípios, sendo relegadas em detrimento de outras mais lucrativas. Nós somente lembramos de sua existência quando necessitamos de sua ajuda. Dos professores temos recordação distante. Dos policiais e bombeiros queremos nunca precisar, mantemos afastamento. E dos médicos exigimos em demasia atenção constante sem lembrar que são como qualquer indivíduo, com vidas próprias.

Há alguns anos exerço atividade como diarista em um dos centros de terapia intensiva em que trabalho. O diarista tem a visão horizontal dos pacientes, comparecendo quase todos os dias da semana, definindo, reavaliando e reajustando as programações, ao passo que o plantonista tem atuação vertical, usualmente frequentando o CTI somente uma noite e um dia por semana. É frequente durante minha jornada de trabalho semanal na rotina, algum familiar perguntar se pode ligar para mim à noite para que eu lhe informe sobre o estado de seu parente, mesmo após ter acabado de ouvir a explicação de como funciona o setor, qual é o meu papel e o de cada componente da equipe. Respondo cordialmente que, como ele, também tenho uma família, uma esposa e um filho, e que tenho que estar presente para eles também, que tenho que descansar um pouco. A compreensão não é tão fácil. Alguns parecem achar que vivemos exclusivamente para a medicina, dentro de hospitais, sem direito a vidas pessoais.

Ocorre com certa frequência a perda do horário de almoço ou de jantar, pois o tempo é algoz e inexorável no CTI, transcorrendo velozmente pela manhã e início da tarde, quando já tem início a visitação dos familiares, e ao longo de toda a noite. Com alguma constância ficamos das sete às quatorze horas sem pausa e vamos comer algo somente à tarde. Primeiro a resolução dos pacientes, depois a tranquilização dos familiares que chegam ávidos por notícias e querem ser informados imediatamente, por ansiedade é claro. Talvez agisse da mesma maneira se estivesse em seus lugares, esquecendo-me da presença dos outros. Angústia e desestabilização emocional são corriqueiros e estamos habituados a ajudar. Por fim, aplacadas as necessidades de todos, atendemos às nossas próprias e finalmente esvaziamos a bexiga, já cheia há tempos para não perdermos um minuto sequer, e nos alimentamos.

O *round* pode demorar mais que o previsto ou começar após o horário limite para que dê tempo de terminarmos a discussão adequadamente, destinando o tempo preciso a cada caso. Nestas condições, algumas vezes invadimos o início e às vezes boa parte do horário de visitação. Entendemos que os familiares estejam aflitos à nossa espera. Sabemos de sua apreensão, mas em primeiro lugar vem a adequada condução do caso de seu parente. Durante uma discussão, miríades de detalhes sobrevêm à nossa atenção. É ali que fazemos diferença na evolução do paciente. Este é um momento muito singular, em que interagimos uns com os outros, com opiniões, conhecimentos e pensamentos diferentes, buscando um mesmo objetivo, que é a melhora do paciente. Seu retorno à sociedade, novamente saudável. É por esta razão que por vezes demoramos a iniciar a visita aos familiares.

O CTI é imprevisível. O plantão pode complicar sem aviso, tremendamente, tanto por um paciente que já estava internado quanto por uma admissão. Este aliás é o momento em que o intensivista age por instinto, rapidamente, municiando-se das poucas informações disponíveis e de seu exame clínico compartimentalizado e veloz, identificando os problemas e corrigindo potenciais causas de morte iminente. Em menos de uma hora o paciente já teve todos os procedimentos realizados, a via aérea controlada e a oxigenação estabelecida, a pressão arterial estabilizada e um plano traçado com diversas medidas terapêuticas e diagnósticas em curso. Por vezes entramos no leito dois de nós simultaneamente para agilizar este processo. Enquanto os familiares sofrem na sala de espera, nada podemos fazer durante este período para ajudá-los. Pensamos somente no paciente, com o sangue fervendo e conferindo agilidade mental e física, rapidez e exatidão. Ficamos extasiados, quase em frenesi, cegamente realizando todas as manobras. Quando atingimos controle satisfatório, desaceleramos o ritmo e nos preparamos para conversar com os angustiados familiares que esperam por nós.

"Gostaríamos de agradecer todo empenho, dedicação e cuidado no tratamento da minha irmã. Apesar do desfecho, sabemos que ela teve toda a assistência necessária da família e da ciência e, principalmente, da equipe médica.

Obrigada a todos"

O CTI atual evoluiu bastante. Dez anos atrás as portas ficavam fechadas e usavam-se capotes no manuseio dos pacientes. Os familiares não podiam nem adentrar seus salões. Hoje, além de todo o conhecimento e das modernas técnicas alcançados, atingimos um estado de humanização, com ambientes arquiteturalmente melhor construídos, de cores agradáveis e luminosidade, com televisores para os pacientes que não estão sedados em demasia, de modo a manterem contato com o mundo exterior. Ao familiar é permitido participar do cotidiano, acompanhando intimamente seu familiar, fazendo-lhe carinho e afagos, conversando com ele, e sendo parte importante para sua recuperação, com período estendido de visitação ou número maior do que uma visita ao dia. Sempre fazemos concessões dependendo das necessidades do paciente e de seus familiares. Os capotes foram abandonados, e os usamos somente em caso de bactérias resistentes a antibióticos, e junto desta barreira, caiu também a muralha que separava o CTI dos familiares. O período matutino porém, devido à atribulação de tarefas e procedimentos, deve ser evitado. Deve-se ter em mente que o horário de visita é reservado para conversas detalhadas, sempre pessoalmente, onde todas as dúvidas são dirimidas.

É comum familiares de pacientes que encontram-se internados já ao longo de uma ou mais semanas no CTI, relacionarem-se e desenvolverem até laços de afetuosidade. É um apoio extra neste momento tão difícil. Entretanto, eu sempre os recordo de que há bactérias diferentes e que não devem ser transportadas entre os pacientes, e que por isso devem ter cuidado com o contato físico entre eles.

É oportuno o momento para relatar sobre infecções no CTI, tema que todos perguntam incessantemente. É verdade que o paciente no hospital, particularmente no centro de terapia intensiva, tem risco maior de desenvolver uma infecção, mesmo em unidades de excelência, que atendem a normas internacionais e seguem todos os bons preceitos. É verdade também que permanecer deitado em uma cama, um leito, contribui grandemente para isso. Mas as razões são diferentes das que se têm em mente.

Por definição, uma pessoa que vai a um hospital tem algum problema na saúde, sendo chamada de doente. Então, as defesas do organismo, seu sistema imunológico e seu equilíbrio encontram-se instáveis. Uma infecção necessita de alguns elementos para ocorrer. Ela é derivada da desarmonia entre a resposta de nosso corpo e a agressão dos agentes microbianos, mais comumente bactérias. Quando um paciente encontra-se debilitado, precisando estar deitado para tratamento, com o corpo combalido e sem as funções usuais, de tossir, andar e movimentar os músculos, e fazer funcionar adequadamente os sistemas cardiovascular, pulmonar e gastrointestinal, os escudos são baixados e os portões destravados, e os inimigos podem tomar a cidade sem resistência.

A infecção não é provocada pelo CTI, mas pela condição clínica do paciente. Claro que após algumas dezenas de horas, a chamada flora bacteriana que vive em nossa pele e mucosas de boca, olhos, partes íntimas e intestinos, transforma-se, incorporando bactérias nativas do ambiente hospitalar, selecionadas pelo uso de antibióticos. É a denominada colonização, quando os germes coabitam nosso corpo sem causar doença, bastante diferente de infecção. Na verdade, um paciente em precário estado de saúde tem menos chance de desenvolver uma infecção em um bom hospital, com cuidados adequados, do que permanecendo em seu domicílio, onde soma-se também o risco de vida aumentado pela falta de tratamento.

***

No transcorrer do ano remanescente para que eu me graduasse, optei por continuar no CTI, conforme mencionei antes. Meu conhecimento estava evoluindo. Ajudava como podia meus novos colegas, que iniciavam seu treinamento. Os fundamentos da medicina intensiva ocupavam grandemente meu tempo de estudo. Gostava particularmente de ventilação mecânica e oxi-hemodinâmica. Este último, tópico que compreende o entendimento, a leitura, a interpretação e a correta tomada de decisões quanto a todos os aspectos da pressão arterial e do sistema cardiocirculatório, seus desarranjos e como corrigí-los e a entrega de oxigênio para as células de todo o corpo, assunto este dos mais complicados. Quando fazemos soro devido a pressão baixa estamos na verdade tentando melhorar a chegada de sangue e nutrientes às células. Quando necessitamos corrigir anemias mais pronunciadas por meio de hemotransfusões, visamos o mesmo objetivo. Os medicamentos que utilizamos para normalizar os níveis tensionais nos vasos sanguíneos são finamente ajustados. Para tanto usamos diversas técnicas de monitorização, com aparelhos e cateteres especiais. A meta é a adequação perfusional das células, ou seja, tal qual em nossa geladeira, queremos que todas os espaços da forma de gelo sejam bem preenchidos, de maneira uniforme. Deste modo tentamos impedir as temidas disfunções orgânicas. Ainda assim, mesmo quando fazemos tudo corretamente, o paciente grave nos escapa por entre os dedos algumas vezes.

Aproveito o ensejo para explicar de novo o notório edema, ou inchaço. É a dúvida mais comum entre os familiares, que perguntam duas ou mais vezes a sua causa. Nossos vasos sanguíneos têm um tônus, propriedade autorregulada que permite que eles se contraiam ou afrouxem, dependendo da situação requerida. Este mecanismo encontra-se alterado em casos graves de hipotensão arterial, com relaxamento exorbitante. Aí atuam o soro, que preenche este continente aumentado, e os medicamentos vasoconstritores. Contudo, há também a denominada permeabilidade capilar, através de porosidades nos vasos pequeninos, que encontra-se elevada, permitindo saída de litros de líquido que se acumulam debaixo da pele, em regiões de maior frouxidão, como as mãos, a face e olhos, e até em cavidades, como a pleura, causando o derrame pleural. Medir corretamente e manter a harmonia entre estes compartimentos é tarefa das mais exigentes e intrincadas.

Habitualmente um paciente grave ganha litros de soro durante a fase de maior severidade de sua doença. Tentamos modular isto da maneira mais comedida e guiados por metas de monitorização o quanto possível. Há tantas alterações possíveis em um espaço tão diminuto quanto o corpo humano. Este demanda a mais esmerada arte da prática médica aliada a rigorosas bases em evidências científicas, por meio de educação continuada diária.

No tocante à ventilação mecânica, é proporcionada por um aparelho formidável, com rebuscados engenhos tecnológicos que evoluíram durante todo o século vinte. Além do que já mencionei antes, ele permite que o paciente descanse enquanto seu organismo se recupera. O esforço respiratório pode consumir gigantesca parcela do oxigênio absorvido pelos pulmões, furtando-o de órgãos mais nobres. A prática na manipulação e ajuste correto de todos os recursos desta máquina exige tempo e dedicação, horas de aprendizado.

Houve muitos pacientes marcantes até então. Comentarei sobre alguns ao longo deste relato, mas menciono um já no último semestre do estágio no CTI. Admiti um paciente com uma doença grave mas que responde rapidamente ao tratamento, a cetoacidose diabética, associada a uma pancreatite aguda, e fiquei literalmente na beira do leito, até que ele estivesse estável. No dia seguinte, o médico diarista veio até mim e rispidamente inquiriu-me sobre o que eu havia feito ao paciente. Fiquei assustado de início, então ele gargalhou e proferiu as palavras que eu não esperava. Disse que eu o tratara bem. Ele era bastante afeito a amedrontar os acadêmicos, meio que por prazer. Vi-o fazer chorar diversas meninas. Eu o estimava bastante. Considero-o um dos mestres que tive apesar destes desvios comportamentais.

Acrescentei à minha experiência um período de dois meses como interno no serviço de anestesiologia de meu hospital-escola, o que foi bastante proveitoso quanto a medicamentos e técnicas de intubação.

Galguei esta etapa derradeira na graduação, já decidido a inscrever-me somente para residência de medicina intensiva. Naquela época, havia somente três vagas em todo o Estado e uma delas foi conquistada por mim.

Parte II

A Residência Médica

"É espantosamente óbvio que nossa tecnologia excede nossa humanidade."

Albert Einstein

Dezembro de dois mil e um. Esta foi a data em que oficialmente me tornei médico, com um documento provisório de registro no Conselho Federal de Medicina, enquanto o definitivo era confeccionado. Podia a partir de então clinicar, prescrever e assumir todas as responsabilidades advindas disto. Direitos e deveres do médico.

Meu estágio se tornara parte de minhas lembranças. Assumi meu primeiro emprego como plantonista de CTI logo em seguida, antes mesmo de terminar o processo seletivo para a Residência. Passei dias e noites de puro temor, vivenciando a realidade de ter que tomar todas as decisões sozinho. Sentia medo a cada caso que recebia. Na verdade, quando pediam vaga para internação, eu já ficava apreensivo ao extremo. Admitia os pacientes, fazia os procedimentos e definia as condutas.

Demorou alguns meses para que eu conquistasse a confiança necessária à subsistência naquele ambiente inóspito. Tudo que pensava ter aprendido agora não fazia diferença, ou era assim que sentia. Em cerca de dois meses, recebi a notícia pela qual ansiava. Havia sido aprovado na residência médica para medicina intensiva.

O primeiro contato com o hospital universitário impressionou-me. Estava acostumado com outro hospital-escola, que não tinha aquele padrão de excelência nas atividades médicas. Havia carência de insumos, denotando o típico abandono pelos governantes, mas ainda assim podíamos ajudar os pacientes mediante intenso esforço pessoal. Um hospital destes, com seus ótimos profissionais, seria sensacional se tivesse recursos. Contentamo-nos com pouco neste país. Vejamos nossos carros. Quando temos direção hidráulica, vidros elétricos e ar condicionado, ficamos satisfeitos, mas já existem inúmeros dispositivos de segurança e conveniência, que são itens de série no exterior nos carros mais simples, entregues lá por preços infinitamente menores. Deveríamos usufruir do que há de melhor para nossa segurança e saúde. Os governantes devem ter as respostas. E penso que já começamos a fazer as perguntas.

***

Naquele ano, os hospitais particulares recém incorporados à cidade junto a outros já existentes há muito, continuaram a se fortalecer, causando uma inversão do fluxo de médicos do setor público em busca de condições dignas de trabalho, para eles e seus pacientes. Eu seguiria este fluxo no decorrer dos anos seguintes.

Eu era agora o residente de medicina intensiva do hospital. Um para cerca de quatrocentos leitos. A residente anterior a mim estava no CTI, enquanto eu iniciava o período de clínica médica, embutida com o intensivismo. Aprendi muito naquele primeiro ano. Permanecia no hospital de segunda a sábado e fazia plantão noturno às sextas feiras, quando ficava vinte e quatro horas em atividade. Esta é a razão do nome residência. Vamos nos habituando a literalmente morar no hospital. Passamos infinitamente mais tempo lá do que fora, em nossas casas e com nossos familiares.

Tive três empregos em momentos diferentes do primeiro ano, todos como plantonista de CTI. Do primeiro, já mencionado, escolhi pedir demissão para dedicar-me mais à aprendizagem. Precisava porém de proventos, que a bolsa da residência não supria, conseguindo outro emprego, nas vinte e quatro horas de domingo, que durou mais alguns meses. O terceiro duraria pouco mais de um ano, acompanhando o período na clínica médica, e eu viria a sair dele para ser admitido no hospital em que trabalho até hoje, onde cresci profissionalmente.

No plantão geral do hospital, assumia todos os pacientes mais graves e arrebatava para mim todos os procedimentos invasivos. Era ávido por tratar os pacientes espalhados por aquela imensidão. Percorria léguas a cada plantão por intermináveis corredores. Tive dois pares de calçados naquele ano e desenvolvi mais uma obsessão. Somente os usava sem cadarço para poder colocá-los rapidamente e partir para o atendimento. Hábito que tenho até hoje.

"Gostaria de registrar meu reconhecimento à competência, cuidado e carinho dos médicos, enfermeiros, fisioterapeutas, fonoaudiólogos, técnicos e pessoal de apoio da UTI neurointensiva deste Hospital, que trataram de minha esposa."

Ao passo em que minha vida profissional ficava mais atribulada, meu convívio pessoal, em casa, carecia de cuidados adequados. Trabalhava cerca de cem horas por semana, dormindo duas a três noites fora de casa, passando todas as vinte e quatro horas das sextas-feiras em um hospital e o mesmo período dos domingos em outro, já emendando na segunda-feira na residência médica. Tinha somente o sábado livre, que deveria ser regrado, já que vinha de um plantão e iria para outro. Inevitavelmente, eu dormia durante todo o dia. Eu não conseguia dar a atenção que minha esposa merecia. Brigas sucessivas motivadas pela minha ausência culminaram em separação momentânea, que não se efetivou num primeiro momento. Conseguimos subsistir àquele primeiro ano de residência médica, e isto rendeu-nos nosso bem mais precioso. Nosso filho hoje tem sete anos, feliz com o relacionamento cordial e respeitoso que mantemos, com duas casas e estilos de vida diferentes, mas com os mesmos fundamentos de integridade, honra e princípios morais que ensinamos a ele.

Ansiava pelo início no CTI, mas sorvia cada ensinamento dos mestres da clínica médica com os quais tive contato, que me conferiram a base para arcar com todos os tipos de doença que viria a tratar. Tenho poucas lembranças ruins daquele hospital. Causadas somente pelos insucessos e sofrimentos presenciados. Sempre desejei voltar a trabalhar lá após o término de minha residência, mas isto é assunto para outra ocasião.

Eu me exigia intensamente, afinal era o residente intensivista. Sempre me compelia a ver e a fazer diferença nos casos graves. Passei a sentir-me confortável com o transcorrer dos meses. Pensava estar preparado, mas isto ainda estava longe de se tornar realidade.

O local onde eu mais aprendia todavia, era em meu emprego privado. Ali eu era a última linha de defesa. Atendia até os casos do andar e da emergência que fossem de maior complexidade. Fui indicado para o trabalho por uma amiga da enfermaria, que já tinha bastante experiência em CTI também, apesar de não ter seguido esta especialidade. Lá eu fui aos poucos desenvolvendo robustez no meu comportamento. Tinha que lidar com situações diversas, ser autosuficiente. Até então, eu não havia trabalhado no CTI de um grande hospital. Ainda teria esta vivência pela frente.

O ano de dois mil e dois ensinou-me a raciocinar por meios próprios. A buscar a resolução para os problemas através de estudo. Lembro de fazer pela primeira vez o procedimento de retirar água da pleura através de punção com agulha, após cerca de vinte minutos lendo e memorizando a técnica lá mesmo, na enfermaria. Naquela época parecia bastante difícil e senti orgulho por conseguir sozinho.

Conheci pessoas autodidatas que se estabeleceram como grandes médicos sem ter feito residência. A isto podemos chamar talento. Para a maioria de nós contudo, esta pós-graduação é essencial para desenvolvermos a boa prática médica, segura, guiada por preceitos e exercícios tutoriais. Outro ponto é a exigência crescente quanto à titulação em medicina intensiva, com bases reconhecidas pelo Ministério da Educação. Outrora qualquer médico podia assumir cargos nos centros de terapia intensiva em todo o país, mas os critérios para esta atuação, seja no CTI público ou no privado, vêm cada vez mais demandando o especialista. Isto se traduz em ganho para o paciente.

***

Por tratar-se de hospital universitário, com os casos de complexidade máxima que não podiam ser conduzidos em outros serviços mais simples, eu participava da abordagem de diversas doenças infrequentes. Além disso, as programações seguiam a medicina baseada em evidências tanto quanto possível, limitadas somente pela escassez de recursos tecnológicos. Fazia diferença a qualidade técnica dos médicos do corpo clínico.

Houve um caso com o qual lidei na enfermaria que me conferiria o primeiro contato com um tipo de paciente ainda encontrado muitas vezes até hoje. O paciente com câncer em estágio terminal, em que participamos do fim de sua vida. Fazemos a terapêutica apropriada e cabível, mas não constatamos nenhuma resposta. Vêm como tratamento primordial a analgesia, os cuidados básicos de higiene, a dignidade, o respeito, o carinho com o paciente e seus familiares, e a presença constante destes no leito. Se o evento de morte não pode ser em casa, que seja em condições semelhantes proporcionadas no hospital pela equipe de saúde, quando as medicações já não surtem mais efeito e a doença avança irremissível. Vivenciei esta situação junto a uma paciente. Ficava com ela por todo o dia, disponível mesmo para seus parentes quando ela já não mais respondia. Esforcei-me para garantir ausência de sofrimento e estive presente no momento em que ela morreu, com sua irmã ao lado. Na universidade não somos ensinados a manejar estas situações. Aprendemos aos trancos, sem que ninguém nos tenha dado ao menos uma orientação.

No CTI é frequente que os pacientes evoluam de forma adversa. Os casos são graves e nem sempre respondem ao tratamento. A medicina evoluiu grandemente, por intermédio da aparelhagem e do aprimoramento das técnicas científicas, mas em alguns casos nada disto basta para salvar a vida de um paciente. Ouvimos às vezes de seus familiares que tal paciente não queria viver ou então falamos a eles que o corpo lutou bravamente mas não resistiu. A ciência e as religiões em conjunto ainda não conseguem explicar porque alguns morrem de doenças que outros conseguem se recuperar tão bem. A genética e o estudo das substâncias liberadas no sangue como mensageiros entre as células e os órgãos por vezes aproximam-se das respostas, mas ainda faltam inúmeras peças neste enigma.

As pessoas reagem de maneiras diferentes quando seu familiar está em estado grave, irrecuperável, rumando para a morte em horas a poucos dias devido a órgãos que já não respondem mais. É claro que nenhum de nós vai manifestar tranquilidade absoluta, mas alguns de certa forma atingem quase a serenidade e o altruísmo completo, sem ter pensamentos de manter o enfermo vivo a qualquer preço, conectado e mantido por dezenas de máquinas, muitas vezes desfigurado, um arremedo do que fora em vida. Nestas horas, nos fazemos presentes a todo instante, prontos a conversar e a escutar. Antecipamos os eventos críticos, no esforço de amenizar o impacto da surpresa quando já vislumbramos o desfecho.

Tentamos ajudar artesanalmente cada pessoa, contamos experiências pessoais com nossos próprios conhecidos por vezes, mas ainda assim alguns relutam em aceitar a obviedade de que a vida tem fim, e que este não é decisão sua nem tampouco do médico. O destino, seja encarado de maneira religiosa ou diversa desta, reside em mãos que não as nossas.

A tecnologia nos permite prolongar uma condição grave por bastante tempo, mas o custo emocional dos familiares que sofrem enquanto seu parente combalido nada mais sente, ouve ou raciocina, é por demais elevado. Tampouco o evento final é mudado, mas somente adiado em alguns casos. É por estas razões que devemos viver uma vida plena e feliz, esperando que nossos familiares, que cuidarão de nós quando não mais pudermos, o façam em nosso benefício, sempre recordando o que desejaríamos para nós quando o tempo que nos é concedido findar.

"Num momento tão triste de nossas vidas, quando estamos vendo uma pessoa querida que amamos à beira da morte, encontramos essa equipe maravilhosa do CTI.

Incluimos todos - médicos, enfermeiras, técnicos e outros - que cuidaram com muita competência e solidariedade do nosso filho.

Obrigado, muito obrigado mesmo por entenderem nossos medos, angústia e até a insistência em querer saber notícias.

Parabéns a vocês todos pela atenção e competência com que tratam a todos os pacientes desse CTI neurointensivo.

Muito obrigado.

Família e amigos do paciente"

O ano de dois mil e três demorou a chegar. Apesar do anseio pelo seu término, agradeço muito pela lentidão com que passou o período na clínica médica, pois atingi fundamentação para o que estava por vir.

Entrava em outro setor, parte das unidades fechadas de um hospital, assim chamadas por antigos hábitos, mas refletindo sua propriedade de influxo e efluxo controlados, ou seja, admissões e altas com critérios e indicações bem definidos e com segurança. Finalmente estava no CTI, onde aprenderia todas as bases necessárias a um intensivista.

Vivia na unidade das oito às dezessete horas, todos os dias úteis, frequentemente permanecendo até as vinte horas para otimizar ao máximo cada paciente. Fazia plantão às sextas, o que me prendia por vinte e quatro horas neste dia, quase sempre estendendo-me no trabalho pela manhã de sábado, inclusive em feriados. Às quartas-feiras à noite e domingos de dia eu atuava em meu emprego privado. Foi então que meu casamento firmado no ano anterior a partir de um relacionamento de quatro anos, iniciou firme processo de declínio, que perdurou pelos próximos dois até a insustentabilidade irreparável. Mas a despeito disto, eu estava concentrado na residência. Havia desenvolvido outra obsessão, e fiz do CTI meu principal domicílio.

Os prazeres da vida pessoal estavam temporariamente longe de meu alcance e minha dedicação era exclusiva. Quando chegava em casa, ocupava meu tempo com estudo e tentava cumprir com minhas obrigações, no que falhava por vezes. Alimentava-me quase completamente de medicina intensiva. Percebo hoje como faltei aos meus familiares, mas este foi um sacrifício necessário somente durante este período. Hoje me esforço para equilibrar minha vida pessoal com a profissional. Tenho outra esposa, que amo muito junto a meu filho. Seu apoio à minha especialidade é incondicional, mas encaro de outra maneira após uma década trabalhando em diversos centros de terapia intensiva, já bem desgastado. Minha prioridade atualmente é minha família. Consigo executar um bom trabalho nas cerca de sessenta horas por semana em que exerço minha profissão e ainda ter tempo para mim e para eles. Experiência e maturidade respondem por isto, aplicadas a ambos os encargos. Quando se aprende algo, sua execução fica mais fácil e veloz.

O médico intensivista atravessa os anos em velocidade acelerada. Sua saúde é exaurida incomumente rápido. A fadiga diária a que somos submetidos é tamanha e em tão denso período de tempo que barba e cabelos brancos surgem em poucos anos e o peso do cansaço se faz evidente. É frequente aparentarmos mais idade do que realmente temos.

O ano inaugural dentro do CTI universitário foi bastante árduo. Eu dividia com um colega as incumbências dentro da unidade, orientado por excelentes professores e professoras. Uma destas, a quem considero dentre os mestres que tive, faleceu por suas próprias mãos anos mais tarde. Uma vez mais o extenuante cotidiano do intensivista cobrava seu preço e uma médica magnífica, que presenciei salvar a vida de diversas pessoas, tirou a sua própria.

Eu e meu colega agíamos como equipe, ensinando um ao outro e crescendo juntos. A batalha era travada todos os dias, com muitas derrotas. O aprendizado era enorme e em grande volume. Existiam também internos, acadêmicos e residentes de outras especialidades que passavam pelo CTI em períodos, mas nós executávamos praticamente todos os procedimentos invasivos. Havíamos prestado concurso e sido aprovados especificamente para atuar no CTI. Aquele era nosso treinamento e cada procedimento fazia diferença para adquirir experiência. Se permitíssemos que outros realizassem o que entendíamos como nosso por direito, nossa oportunidade seria desperdiçada. As reclamações eram frequentes, mas não modificavam nosso comportamento, o que nos valeu má reputação. Cada um de nós toma decisões baseadas em seus próprios conceitos. As repercussões são por vezes opostas, mas não podemos nos fiar em aceitação para tanto. A reputação de um homem é derivada de sua capacidade de fazer o certo mesmo quando este é o caminho mais difícil. E nosso objetivo era o aprendizado. Para nós seria primordial. Para os demais somente um conhecimento temporário.

Enquanto o residente de clínica médica convivia com parceiros de trabalho constantemente, nossa vida era mais solitária. Aquele gozava de horário mais flexível e vasto período de alimentação, com descontração devido ao caminhar mais lento dos casos que eram investigados ao longo de dias, ao passo que os nossos tinham que ser resolvidos em poucas horas. Podiam ausentar-se durante o período de refeição. Frequentemente éramos compelidos a abrir mão de nosso horário de almoço, conseguindo comer após as quinze ou dezesseis horas, hábito que se faz presente ainda hoje. Alguns residentes da clínica iam almoçar ao término do *round*, por volta de doze horas, enquanto cumpríamos as programações mais imediatas. Quando retornavam, ouvíamos queixas de que não os havíamos permitido participar de procedimentos. Tínhamos convicção de nossas atitudes. Ficamos satisfeitos quando as programações e condutas são cumpridas o mais imediatamente possível. Esta não é uma crítica, mas uma menção de que o médico intensivista tem outro ritmo, mais acelerado, próprio para o ambiente de um CTI, fato notório e sabido por todos. Se o clínico da enfermaria fosse o controlador de vôo de um aeroporto de pequeno porte, onde há tempo para agir calmamente, o intensivista o seria no maior dos aeroportos internacionais, com pouso de imensos aviões a cada poucos minutos, necessitando de atitudes instantâneas.

Por outro lado, conhecíamos todos os estudantes do hospital, que eram obrigados pelo programa letivo a cumprir período no CTI. Encontro várias pessoas que se lembram de mim e mencionam como os ensinei a lidar com isto ou aquilo. É recompensador sem dúvida.

Algo inerente ao CTI e a nenhum outro setor do hospital, são os transportes de pacientes para exames no setor de radiologia. O centro cirúrgico é o outro destino, quando necessário. Num bom hospital, bem equipado em materiais e profissionais, somente é necessário retirar um paciente de seu ambiente seguro na unidade para levá-lo à tomografia computadorizada e à ressonância magnética. Todavia, no hospital universitário, com todas as deficiências do setor público, os demais exames, como ultrassonografia, ecocardiografia, endoscopia digestiva e eletroencefalografia, de modo algum vinham a ser feitos no CTI, exigindo um transporte para cada vez que um destes se fizesse necessário. O motivo de precisarmos de tantos exames complementares no CTI é a gravidade do paciente, que pede ações diagnósticas imediatas e precisas. Hipóteses devem transformar-se em convicções.

O transporte é sempre temeroso, porque alguns pacientes ficam sujeitos a riscos enormes. Julgamos com critério a utilidade de cada exame. Seu risco-benefício como chamamos. Para ser feito adequadamente, devem ser cumpridas diversas exigências ainda na unidade, quanto ao preparo de todos os dispositivos; arrumação específica dos equipamentos e do leito; preparo de medicações e definição de quais são necessárias durante a movimentação; substituição do ventilador mecânico por outro portátil, próprio para este fim; organização dos aparatos para emergências passíveis de ocorrer durante o transporte; e adequado funcionamento do elevador em hospitais verticais, que são a grande maioria. O que já é copiosamente trabalhoso num hospital de excelência, tornava-se extremamente complexo em nosso hospital universitário. Incontáveis transportes nós fizemos naquele ano, muitos em condições de risco extremo, mas de benefício absoluto. Esta é outra recordação difícil, mas que resultou em intenso aprendizado.

Os meses transcorriam ininterruptos, sem pausa para descanso. A rotina de um CTI nem sempre é perceptível, mas usualmente passamos todo o plantão trabalhando arduamente, por vezes durante seis, oito ou mesmo as doze horas sem ao menos uma oportunidade para sentar. Temos momentos de descontração também, sem os quais não conseguiríamos subsistir, mas não é a regra.

Os turnos diurno e noturno são algo diferentes. No primeiro, com a presença do médico diarista, assumimos o plantão corriqueiramente às sete horas, durante a chamada passagem do plantão pelo colega anterior, que se faz por cerca de trinta minutos. Iniciamos o exame clínico dos pacientes, imediatamente corrigindo alterações, realizando procedimentos necessários e identificando evoluções adversas novas, como infecções. Fazemos as prescrições medicamentosas, que são revisadas e dispensadas pelas equipes de enfermagem e farmácia. Realizamos os transportes e cumprimos programações à medida que as traçamos se assim for necessário, guindo-nos por critérios de emergência, urgência e rotina. Obtemos os resultados de exames laboratoriais, radiografias e outros que são feitos de forma programada, solicitados no dia anterior. Entre dez e trinta e onze horas, já com todas essas etapas executadas, iniciamos o *round*, discussão multiprofissional em que decidimos as condutas para cada paciente. Este difere do que é feito em uma enfermaria, porque mesmo em seu decurso, um de nós por vezes tem que se ausentar para transportes, procedimentos e internações, momento no qual os que remanescem prosseguem a discussão. Como na batalha, soldados que ficam para trás pedem aos demais que avancem e conquistem os objetivos. O CTI não pára, nunca. Estamos vinte e quatro horas em alerta e totalmente operacionais.

O *round* termina quando todos os aspectos são discutidos. Damos o mesmo tratamento a todos, sem diferenciação. Há casos mais simples e outros mais complexos. Isto determina a duração da passagem de cada caso. Neste ponto, já se passaram cerca de seis horas do início do plantão, com intenso trabalho. Iniciamos então as conversas com parentes e amigos, participando o paciente quando possível. Esta fase dura cerca de uma hora a hora e meia para os oito pacientes de quem cuido, alguns conversados em dupla com outro colega e outros individualmente. Nosso tempo para conversas não fica limitado. Dispomos de quanto se fizer preciso para cada caso, mesmo que tenhamos que ultrapassar o período de visita. Estamos sempre disponíveis para esclarecer dúvidas adicionais, mas temos que ter um horário reservado especificamente dedicado a isto, ou senão interromperíamos nosso trabalho a todo instante. A ordem do CTI deve ser seguida.

Um de meus professores disse-me uma vez que aí trabalhava porque conseguia ter os processos sob controle, ordenados, executando a medicina como deve ser. É mais uma vez a mente do intensivista em sua obsessão por organização, agilidade e perfeccionismo.

Por volta de quatorze horas terminamos as conversas e almoçamos, retornando rapidamente, e já cumprindo as programações ainda pendentes traçadas ao longo da manhã, o que nos mantém ocupados por toda a tarde. Fazemos revisões, novos exames e intensa atuação em beira-de-leito, com o auxílio imprescindível da equipe de enfermagem. É um contínuo trabalho de agir; monitorizar; checar; agir novamente; vigiar; conversar com pacientes, familiares e médicos assistentes - aqueles que não compõem a equipe do CTI e são chamados pelos familiares para conduzir o caso; realizar admissões e altas; e manter todos os infindáveis aspectos sob controle, reduzindo riscos e atentando para adversidades.

A nossa avaliação faz-se incessantemente, mas temos duas ocasiões bem definidas, pontuais e compulsórias: a matutina e a vespertina, devidamente registradas em prontuário, bem como todas as outras informações relevantes. O prontuário é o diário do paciente escrito por nós, tão repleto em detalhes quanto possível. No CTI, um aglomerado de numerosas folhas vai se acumulando, um verdadeiro livro.

O término do dia aproxima-se, e com ele o fim do plantão, às dezenove horas, quando transmitimos tudo que ocorreu, cada caso detalhadamente, ao colega que assumirá o período noturno, que em nada deverá em trabalho à equipe do dia. Este é o movimento constante do CTI, atravessando dias úteis, finais-de-semana e feriados, sete dias por semana nas vinte e quatro horas do dia.

***

Nas reuniões diárias com os familiares, estabelecemos uma relação de respeito e confiança. Tratamos dos assuntos com ternura e compreensão, mas seriedade e honestidade também não devem faltar. Os dois, três ou dez familiares com quem travamos conversações para cada paciente têm que entender acerca de todos os aspectos da doença que seu parente enfrenta. Cabe a nós promover a compreensão. Nos exprimimos com clareza, tão coloquialmente quanto necessário e repetidas vezes se preciso. É nossa responsabilidade fazê-los assimilar as explicações e sanear suas dúvidas por completo, mesmo que elas retornem no dia seguinte, fato comum causado pela quantidade de informações. É comum as dosarmos em pequenas porções à medida que se fazem úteis. Tentamos agir com antecipação, informando sobre riscos e possíveis caminhos. Pedimos sobriedade mas estimulamos esperança ao mesmo tempo.

Há vários momentos em que os familiares nos pedem para fazermos prognósticos, mas não é algo tão fácil quanto se pode pensar. Os pacientes são muito diferentes apesar de manifestarem doenças semelhantes. Sua evolução depende de respostas individuais, as quais não conseguimos prever em muitas das vezes. Somente quando o paciente sai da fase aguda, variável para cada doença e apresentação, podemos pensar e conversar sobre perspectivas. Costumo dizer que gostaríamos de ter bolas de cristal, que nos ajudassem, mas a realidade é que os rumos não são por nós definidos, mas somente ajustados, e o destino vai nos mostrando possíveis caminhos, quando fazemos escolhas, com a ciência e o apoio dos familiares, intervindo conforme preciso, impedindo sofrimento sempre.

Recordo-me bastante bem de um dos muitos pacientes que marcaram minha memória. Os demais também estão lá, mas com tantas dezenas a cada mês, alguns por curto período de tempo, é explicável que as lembranças sejam algo seletivas. Me importo igualmente com cada um durante o tempo em que os assisto, mas é comum que os esqueça após médio período. Há muito o que se guardar de todos, e não podemos funcionar como o médico do consultório neste aspecto. Temos que focar nos que estão sob nossa guarda e investir tudo o que podemos. Tratamos a fase aguda, no hospital, e os devolvemos para seus médicos, que já os acompanham há tempos. A imensa maioria de nós não possui consultório. Somos médicos de hospital.

Retomando o pensamento, houve uma jovem paciente que admiti durante meu plantão de sexta-feira à noite no CTI, com infecção que evoluiu muito gravemente. Teve insuficiências respiratória, cardiocirculatória, renal e outras disfunções, ficando a um passo da morte. Fiquei praticamente todas as doze horas ao seu lado, fazendo todos os inúmeros procedimentos necessários e instituindo os diversos tratamentos cabíveis. Desdobrei-me para atender aos outros pacientes, que felizmente estavam compensados e não exigiam grandes mudanças. Ela fez uso de medicamento em doses estratosféricas para manter a pressão arterial normal, teve complicações por isso, mas não pereceu. Acompanhei-a ao longo de todos os próximos dias, e vi-a convalescer, vagarosamente. Em um dado momento, ela pôde ter os sedativos suspensos e iniciou o processo de despertar e de saída do ventilador mecânico. Pude constatar que sua mente estava preservada. Fiquei extremamente feliz e estive ao lado dela até sua alta do CTI. Nada soube dela por um longo período, até que um dia qualquer a vi entrar novamente na unidade, em sua forma normal, em trajes usuais, portando-se como se não houvesse sofrido injúria. Este é o momento que faz valer cada esforço, cada noite sem dormir trabalhando e estudando, cada privação de lazer. Este é o propósito de ser médico.

Aproveito para discriminar algumas situações, que são comuns no CTI e geram dúvidas frequentes. Quando há uma infecção, ela pode assumir caráter variável de gravidade. No início da medicina intensiva, mais de duas décadas atrás, denominávamos septicemia quando o extremo ocorria. Era comum pensar que as bactérias ganhavam a corrente sanguínea e espalhavam-se por todo o corpo, afetando diretamente os órgãos, que então entravam em falência. Com a evolução de nosso conhecimento, passamos a compreender adequadamente esta complicada alteração e modificamos seu nome para sepse. Esta mudança reflete a nova percepção de seus mecanismos e significados.

A sepse, condição da paciente que mencionei, é a resposta de nosso organismo a uma infecção, e não a infecção em si. É difícil acreditar que nosso corpo possa fazer mal a ele próprio, ainda mais em um momento em que está sendo atacado por germes, mas é exatamente isto que acontece. Todos nós, por características genéticas e ambientais, temos maior ou menor predisposição a desenvolver infecção. Há mulheres que fazem infecções urinárias repetidamente após iniciarem relações sexuais. Isto não é por responsabilidade delas e de suas práticas, quando adequadas, mas por facilidade de sofrer aderência de bactérias em suas vias urinárias, a chamada colonização, e defeitos na eliminação destes micro-organismos, que quando vencem suas defesas imunológicas e invadem o local onde estão aderidos, determinam uma infecção. Da mesma maneira, nem todas as pessoas que fazem infecção urinária evoluem para a sepse. Somos pessoas diferentes em nossas características físicas, personalidades, modo de agir, habilidades, e também no desenvolver de doenças.

Esta batalha, a sepse, é algo como um ataque das forças armadas a uma vila ocupada por inimigos ferozes, com cidadãos civis enfraquecidos e desarmados sob perigo. Seu comportamento deveria sempre ser determinado por um serviço de inteligência para adequar a quantidade de soldados e a qualidade das armas enviados ao combate. Na sepse, este processo é falho. Há uma desregulação da resposta aos invasores, com envio de tropas em muito maior número e com equipamento bélico de extremo poderio, com mísseis, bombardeiros e tanques. Sabemos que quando isto acontece, vidas inocentes de civis são perdidas. É o que acontece na sepse. O corpo exige mais do que cada órgão consegue produzir. Alguns atingem seus limites, outros os ultrapassam e entram em fadiga, ficando desfuncionantes. As perdas nesta guerra são tremendas e sofremos em demasia. As defesas de nosso organismo e os germes fazem de nosso corpo seu campo de batalha. Todas as medidas que fazemos visam a modular esta luta, ofertar meios para o equilíbrio. Nem sempre obtemos sucesso.

Este evento leva à necessidade frequente de métodos de substituição ou apoio. O ventilador artificial, os medicamentos para elevar a pressão, a máquina de hemodiálise e outros, são instrumentos temporários para que os órgãos a que substituem repousem e se recuperem, enquanto eles fazem suas funções. Os tempos de retorno à normalidade são também muito variáveis e individuais. Há pacientes que conseguem melhorar e ter o tubo traqueal e o ventilador mecânico retirados em poucos dias, e outros que necessitam de traqueostomia para tanto. Mencionarei este procedimento a seu tempo.

Outra questão diz respeito aos antibióticos. Eles não vencem a guerra sozinhos, como já expliquei. São armas adequadas, mas somente parte delas. O restante fica por conta do organismo. Devemos administrar os antibióticos por determinado período. Cada infecção tem um tempo definido de tratamento. Dias a semanas. E as infecções não desaparecem da noite para o dia. O corpo precisa de alguns dias para demonstrar reação positiva, mas após este momento, ainda tem que ser cumprido o tempo definido de antibiótico. É semelhante a uma infecção de garganta que desenvolvemos em casa. Temos febre, mal estar, falta de apetite, sonolência excessiva, pus e dor no local da infecção. Estes sintomas vão aos poucos melhorando, isto se fazendo ao longo de dois a três dias de tratamento com antibiótico, que ainda não pode ser suspenso. É o mesmo para todas as infecções. Todavia, alguns pacientes demoram até mais tempo para reagir.

Talvez não seja tão fácil compreender o porque da necessidade de intubação traqueal e ventilação mecânica, que é um sinal de gravidade extrema. Este procedimento é fundamental para manter a vida e evitar agonia gerada por insuficiência respiratória. Uma vez mencionei que o aumento do trabalho respiratório consome imensa porção do oxigênio que nossos pulmões absorvem. Este esforço exaure o diafragma e os demais músculos da caixa torácica. Cada inalação exige tremendo empenho, e a sensação é de peso na leve atmosfera que nos envolve. Perdemos as forças, impedidos de sorver o ar. É assim que nossa musculatura respiratória se cansa e chega à fadiga, refratária a medidas de fisioterapia e ventilação não invasiva por máscara. Como um maratonista ao final da prova, com músculos tão doloridos e irresponsíveis que sucumbe ao solo antes de cruzar a linha de chegada. Na maioria das vezes, antevemos esta situação e abortamos sua evolução. O paciente é sedado, intubado e acoplado à máquina, que faz o trabalho soprando o ar que era antes aspirado. Um breve período de repouso enquanto o organismo se rearranja, deveria bastar. Mas algumas vezes isto se prolonga, dependendo da reserva respiratória dos pulmões e da musculatura. A sedação e a analgesia, tal qual em uma anestesia geral, seguidas pelo tubo, proporcionam alívio imediato.

Quanto à insuficiência renal, esta não é como a do doente com rins cronicamente afetados, que precisa ir à clínica três vezes por semana. A hemodiálise aguda é bastante diferente, visando filtrar as impurezas que os rins deixam de manipular, e eliminar líquidos, sob técnicas específicas, somente enquanto esta dupla de órgãos não retoma sua atividade. A regra é a recuperação dentro de algumas semanas, mas existem exceções.

***

Próximo ao final daquele primeiro ano no CTI da residência médica, já sem emprego privado há alguns meses desde que o último deixou de suprir minhas expectativas, fui apresentado à coordenação em outro hospital particular, conhecendo então médicos que seriam novos mestres para mim e iniciando uma trajetória no hospital em que trabalho até hoje e onde amadureci profissionalmente. Perdi o resto do medo que tinha, mas não a cautela, que faz com que eu reveja minhas condutas incessantemente buscando a perfeição, sem ficar por demais confiante; aprendi as modernas e atualizadas técnicas da medicina intensiva disponíveis a que eu não tinha acesso no serviço público, onde podia somente estudar sobre elas; fiz alguns de meus melhores amigos, pessoas a quem confiaria minha vida e a quem já confiei a de meus familiares. Iniciei então o percurso que me levaria até onde estou hoje, trabalhando com o que e com quem gosto. Como todos os meus colegas, tenho esgotamentos com alguma frequência devido às exigências diárias, encorajadoramente entremeados por recompensas inerentes à profissão.

Este CTI privado em que ingressei no ano de dois mil e três representava um imenso desafio, com pacientes de alta complexidade e gravidade, e número de leitos diversas vezes maior, capacitado a receber todos os necessitados. No hospital universitário, havia desproporção entre o número de leitos e a demanda por pacientes graves. Como em todo o serviço público, a carência de leitos de CTI era notável, permanecendo o paciente muitas vezes com o tubo traqueal e medicamento para estabilizar a pressão arterial na enfermaria, sendo cuidado mediante esforços de alguns devotados profissionais, sem recursos adequados.

Fazia mais procedimentos invasivos do que nunca antes. Eram vários por dia. A sensação é ótima depois de um procedimento rápido, eficaz e sem complicações. É uma das vaidades do intensivista. Seu talento para executar bem estas intervenções, a agilidade para reconhecer quando são necessárias e a falta de hesitação em empregá-las. Instalamos nossas ferramentas, sem as quais não conseguimos tratar corretamente o paciente grave. As colocamos, com riscos inerentes de sangramento, infecções com o passar dos dias, e outras complicações, mas com o inegável benefício de proporcionar recuperação da doença e reintegração à sociedade, quando estes instrumentos são bem utilizados. Temos treinamento constante em punções e intubações diversas, até que as façamos tal qual se dirige um carro após muitos anos, já automaticamente.

Contudo, ainda me surpreendia com alguns casos, como o de um senhor de cerca de setenta anos, casado há muitas décadas com uma paciente que faleceu refratária a nossos cuidados. Após conversar com ele, observei-o entrar no leito, fazer um afago em seu cabelo e chorando serenamente, perguntar o que faria sem ela. Chorei também, em particular. Casos semelhantes me abalroam vez ou outra e demonstram como é frágil a nossa situação. Penso em minha família e em meus amigos e sigo adiante. Costumo dizer isto aos familares ao término de algumas conversas. Vamos adiante. Nestes momentos, também sigo estas palavras.

No último mês daquele ano, nasceu meu filho. Tive que compartilhar meu tempo com mais uma pessoa, a mais importante. Fui pai novo para os padrões da época, aos vinte e cinco anos. Comecei então a fazer plantões extras acordado em casa, cuidando de uma só pessoa junto à minha esposa, com afinco e felicidade plena. Passava quase cem horas por semana trabalhando, com duas noites regularmente dormidas nos hospitais, mas quando chegava em minha casa, sentia prazer renovador. Permanecia quase todas as noites em seu quarto, colocando-o para dormir na cadeira de balanço, na qual eu também inexoravelmente fechava os olhos depois de deixá-lo no berço. Este era o tempo de que dispunha e eu o usava ao máximo.

***

O ano de dois mil e quatro não tardou. Era o último da residência. Consolidaria meu aprendizado, e após um quarto de século estudando desde a escola, com provas e matérias e professores em salas de aula, eu estaria por conta própria. O fim de uma era. Finalmente trilharia meu próprio caminho. Teria minha vida profissional por meios próprios, por reconhecimento, e responderia por meus atos em sua totalidade.

Neste ano segui trabalhando da mesma forma, aproveitando todos os ensinamentos e participando de todos os cursos e congressos acerca de minha especialidade. Fui então levado a conhecer outro hospital, outro CTI privado de qualidade ótima, o que elevou minha carga semanal para exatamente cem horas. Na medicina intensiva, temos ascenção rápida, com essencialmente duas funções. O plantonista e o diarista. Ainda faltaria conquistar a segunda. Hoje, quando penso em suas origens, em como uma enfermeira chamada Florence idealizou há mais de cento e cinquenta anos seu princípio - a vigilância dos pacientes graves agrupados em um mesmo local - percebo o quanto aprendemos desde então. Foram precisos cem anos para que o centro de tratamento intensivo passasse a existir como um espaço definido, tendo incorporado progressivamente técnicas e equipamentos.

O CTI existe para salvar vidas, apesar de ser um ambiente onde o doente está sujeito a riscos se não houver busca por qualidade e segurança. É disso que as pessoas têm medo quando tomam conhecimento de que um familiar ou amigo foi aí internado. Ficam preocupadas e tentam influenciar o médico quanto à alta o mais rápido possível. A unidade de terapia intensiva tem inequívoca má reputação. Neste ponto, cabe ao familiar decidir se confia em primeiro lugar no hospital, e em segundo lugar na equipe médica com que teve o contato inicial.

O quadro deve ser bem definido, as razões para a internação bem delineadas, o tratamento e suas consequências pontuados adequadamente, e os riscos inerentes à doença aguda e aos procedimentos corretamente elucidados. Também é necessário que o médico demonstre honestidade, por intermédio de diálogos com linguajar conhecido pelo familiar, sem termos complexos nem palavras técnicas. Se esta sequência foi cumprida, o familiar compreenderá a situação e o médico terá seu apoio. Seguirão juntos no auxílio ao paciente, que muitas vezes não terá condições de tomar decisões.

Nem todas as condições clínicas denotam claramente a indicação para permanência no CTI, se a gravidade não for evidente. Tentamos agir antes que o mal aconteça muitas vezes, admitindo pacientes com chance de complicação em curto prazo e fazendo uma vigilância enquanto determinado diagnóstico é afastado ou certo tratamento faz efeito. Estes casos são de difícil entendimento por algumas pessoas, especialmente as que negam sua condição. Acontece por vezes a saída à revelia do hospital. A alta não é dada, já que trata-se de procedimento exclusivamente médico. Quando pessoas vêm ao hospital, por meios próprios ou trazidas por familiares, é porque os sintomas fugiram ao controle. Normalmente ninguém gosta de ir ao médico no consultório. Gosta-se ainda menos de ir ao hospital. Deve-se entender porém, que uma vez a pessoa entrando neste nosocômio, a responsabilidade passa a ser nossa, e atuaremos como fomos treinados. Este indivíduo se tornará um paciente.

Pedimos serenidade aos parentes, e transmitimos as informações baseadas em todos os preceitos que mencionei. Ainda assim, alguns familiares ou pacientes desejam retirar-se de nossos cuidados, quando costumeiramente digo que o hospital não é uma prisão e que todos vêm por vontade própria. Coloco-me à disposição e angustiado tento convencer os envolvidos dos riscos e necessidades, nem sempre obtendo sucesso.

São tantas variáveis no decorrer das doze horas de apenas um plantão, tantos pontos em que nossa atuação pode ser falha, em que podemos cometer erros. Errar é humano, dizem, mas nós perseguimos obsessivamente a perfeição, o correto diagnóstico, o tratamento adequado, sem equívocos na administração de medicamentos, cumprindo incontáveis normas de bom funcionamento, fiscalizando uns aos outros ininterruptamente. Um deslize ao menos pode ser desastroso. Os eventos dentro de um CTI são imprevisíveis e rápidos ao extremo, às vezes em minutos. Lidamos com vidas humanas em sua mais frágil condição. Entretanto, mesmo fazendo todos os planos, ações, verificações e ajustes corretamente, ainda somos por vezes surpreendidos por doenças que fogem ao nosso controle e resultam em perda de vidas. Assumimos que Deus comanda os destinos, mas tentamos influenciar a tecelagem de seus fios. Ao menos este pensamento é reconfortante para nós e para os familiares.

Este foi o último ano de minha residência em medicina intensiva. Sessenta horas na residência, vinte e quatro no plantão em um hospital e dezesseis em outro. Ao contrário do que se imagina, isso não é incomum entre colegas e conheci pessoas que trabalhavam até mais. A constituição garante ao médico e ao professor acumularem carga horária em mais de um serviço. Estimula os múltiplos empregos e os salários irrisórios destes profissionais que embasam a sociedade.

Professores ministram aulas pela manhã em um colégio, à tarde em outra escola e às vezes à noite em uma terceira.

Locomovem-se incessantemente entre três ou mais trabalhos. Conosco sabidamente não é diferente, e somos tão esquecidos quanto eles pelas pessoas a quem nos dedicamos.

Suprimos a deficiência do sistema criado e estimulado pelos governantes, relacionada a bons profissionais e a baixos salários, insignificantes em comparação aos cargos políticos e judiciais, porque sabem que nos preocupamos com cada pessoa de quem cuidamos, sem dispor de tempo para nossas vidas pessoais e nem para lutarmos por nossos direitos. É frequente ouvirmos a descrição da vida do médico por uma pessoa alheia que menciona termos diversas ocupações, deslocando-nos entre elas, dormindo fora de nossas casas, praticamente vivendo nos muitos hospitais. Nenhum de nós enxerga prazer nesta situação. O ideal para qualquer pessoa seria trabalhar numa só instituição, com dedicação e estabilidade, além de remuneração justa, fazendo o que aprecia, mas a realidade é bem diferente.

O médico é hoje visto com desconfiança. A imprensa difunde esta imagem e os governantes participam, desvalorizando-nos cada vez mais. Contudo, o principal responsável é o próprio médico. Perdemos a credibilidade com tantas adversidades, algumas causadas por maus profissionais e outras por acaso, mas uma profissão que antes despertava orgulho na sociedade agora é desdenhosamente tratada, com implicações criminais até. Penso nisto e sinto pelo rumo assumido. Aflição domina meus sentimentos. E lembro que tenho que dormir pois acordarei às seis horas amanhã e apenas retornarei para casa em duas noites, após trinta horas de trabalho incessante em dois empregos.

A cada dia que despertava para ir ao hospital, sentava na beirada da cama, suspirava e levantava com um grunhido. Via meu filho em seu berço, dormindo, e ganhava disposição extra. Procurava não pensar muito. A energia que me restava tinha que ser canalizada adequadamente. Eu não conseguia destiná-la a tudo. Este foi o período em que meu relacionamento com a mãe de meu filho definhou lentamente indo se extinguir no ano seguinte. A escola acabara e a vida real estava à minha frente.

"Não fossem a competência e o desvelo de profissionais como o senhor, minha vida se teria apagado em dezembro.

Dirijo-lhe, a cada novo dia, meu respeitoso agradecimento íntimo."

Parte III

A vida profissional

"Ausência de evidência não é evidência de ausência."

Carl Edward Sagan

Fiz amigos na convivência semanal nos plantões, alguns dos quais considero como irmãos e com quem trabalho junto até hoje. Este é um aspecto notório da vida no CTI. Ganha-se conhecimento rapidamente sobre a personalidade e os valores dos colegas. A confiança vem naturalmente para alguns e o descrédito igualmente para outros. São vinte e quatro horas por semana trabalhando em equipe, exibindo fraquezas e destemores a todo instante. É impensável não haver desenvolvimento de amizade entre pessoas com quem se passa mais tempo do que com a própria família. Isto torna o serviço muito mais fácil e certamente de melhor qualidade. Trabalhar com amigos é uma realização profissional, uma ambição justificável.

Assim é minha recordação daquela época. Divertia-me nos plantões noturnos, acordado durante toda a noite intervindo ao máximo com todo o vigor para melhorar a evolução dos pacientes. Quanto mais doentes graves e mais procedimentos, melhor. Ajudava os que precisavam da terapia intensiva e satisfazia minha sede por ação. Aprendi que nem todos os pacientes que necessitam de CTI precisam estar em situação já nitidamente grave, mas que o ideal seria antevermos o potencial de gravidade e fazermos sua admissão para iniciar precocemente as medidas próprias a cada condição. Tal atuação porém, somente era possível em um CTI de hospital privado, com número adequado de leitos. A realidade do setor público é muito distante desta. Pela desproporção de leitos de terapia intensiva, os pacientes são transferidos para nossos cuidados quando já estão em estado bastante grave. Presenciei a migração dos médicos excelentes que sempre existiram nos hospitais públicos para o setor privado, em busca de salários e condições de trabalho ao menos dignas, movimento iniciado anos antes.

Quando estudamos sobre o Sistema Único de Saúde, o SUS, pensamos ser uma maravilha teórica. Um modelo de perfeição que atenderia magistralmente a todos os cidadãos. Isto, se funcionasse apropriadamente. A realidade é bem diferente, com investimentos insuficientes, estruturas físicas abandonadas, insumos inadequados e péssimas condições de trabalho. A população e o médico sofrem. Para os governantes e os abastados, os hospitais privados não faltarão. Sempre penso como seria a mãe de um eminente político ou de uma personalidade sendo internada em um hospital da rede pública. Certamente seria engendrado um engodo, com atendimento diferenciado e manipulado. É injusto demais. Vemos o quão ruim é a situação, e a mídia veicula este fato abertamente, porém nada é feito. O médico, o mesmo chamado de vagabundo em menções públicas, é quem se esforça e tenta suprir estas deficiências, executando trabalhos que não são de seu âmbito. Em verdade, a maioria dos profissionais de saúde o faz. Uns mais, outros menos. Sempre tive postura convicta de não trabalhar no setor público enquanto algo não mudasse. Já não tenho este pensamento tão estrito nos dias atuais. É recompensador também ajudar os menos providos e há uma questão de estabilidade trabalhista.

***

Lembro-me de concluir a residência médica no início de dois mil e cinco. Metade de uma década atuando somente em centros de terapia intensiva e sem perspectiva de mudança. Era o que me satisfazia. Pensava pouco no futuro, em aposentadoria, em planejar como eu trabalharia nos anos que viriam. Fui tomando ciência disso lentamente. Eu não era inconsequente, mas vivia aos poucos, sem programações muito adiante. Penso que me acostumei com o mesmo modelo imediatista que o CTI imprime aos seus frequentadores. Hoje não mais. Tenho outra concepção sobre este assunto, tenho outra esposa, um filho e necessidades próprias.

Logo que obtive o certificado de conclusão da residência médica, inscrevi-me para a prova de título pela AMIB. Como todo especialista, almejava ter aquele documento. Eu não o poria em nenhuma parede, pois não era minha intenção ter consultório, nem tampouco ele seria visto por outra pessoa. Serviria apenas a meus propósitos. Precisava me testar a conseguir. Além disto, consumaria todo o treinamento, iniciado no processo de seleção mais de três anos antes. Estava recém preparado pela residência. Consegui sem maiores dificuldades. Hoje, com os requisitos tornando-se mais exigentes, o título tem valia também para minha alocação no mercado de trabalho.

Experimentei então um período de alguns meses de marasmo em comparação ao tanto que vinha trabalhando. Fazia plantões somente. Eram quarenta horas por semana. Pude repousar e voltar minha atenção para mim e minha família. Retornei aos esportes, à praia e a outras atividades de lazer das quais sempre gostei. Minha pressão arterial, elevada durante a residência, regressou à normalidade. Aprendi a surfar com um grande amigo e colega com quem espero continuar sempre trabalhando. O melhor intensivista que conheço. Ganhava cada vez mais habilidade no CTI, firmando-me como integrante das equipes das unidades em que trabalhava, ainda com plantões nos finais de semana.

A minha experiência com as modernas técnicas disponíveis nos hospitais particulares se aprimorava. Conseguia fazer todos os exames para determinado diagnóstico em horas, aplicava todo o conhecimento conquistado e sentia-me um melhor intensivista a cada dificuldade resolvida. Tive outro mestre que me preparou para o cargo de rotina que viria adiante. Ensinou-me muito do que sei. Esta fase de desenvolvimento acelerado traz consigo o perigo do convencimento.

O intensivista é visto como pedante pela maioria de seus colegas. Em verdade, ele por vezes o é. Este obstáculo tem que ser vencido pelo bom médico. A origem disto é bastante simples. Os pacientes que chegam a nós vêm em estado grave após complicações durante cirurgias ou internações em quartos ou enfermarias por outras doenças. Isto determina um viés. Esta tendência observacional deve-se a recebermos somente os pacientes em que algo segue rumo adverso. Quando um paciente submetido a uma cirurgia evolui gravemente e vem para nossa unidade, nem pensamos nos outros tantos, centenas, que tiveram bom desfecho no pós-operatório. Julgar é um defeito importante do ser humano. Aliado a isto, há o fato de conseguirmos realmente influenciar no curso de uma enfermidade quando aplicamos todo o treinamento por que passamos. Esta é a nossa especialidade. Ficamos sujeitos a certa frivolidade em nossos sentimentos, e por vezes alguns dos médicos que encaminharam o paciente após não terem conseguido evitar ou resolver o problema, porque não era de seu âmbito na realidade, acabam por sentir desgosto. Eles não percebem entretanto que nem todos os pacientes quando melhoram e recebem alta do CTI, lembram dos intensivistas que deles cuidaram durante vários dias, constantemente ao lado de seus leitos, mas sim de seus médicos ambulatoriais, com quem continuarão seu tratamento. Talvez eu ainda tenha presunção às vezes, mas a habilidade reside em reconhecer e refrear, e não em deixar de sentir esta tolice.

É verdade que o intensivista entende de tudo, de todas as condições clínicas e cirúrgicas e ainda de seus aspectos de gravidade. Ou ao menos assim ele pensa. O que fazemos na verdade é almejar isto, sempre buscar este patamar, agindo em conjunto e ouvindo especialistas quando preciso. Vivemos em reclusão em nossas unidades, pequenas diante do tamanho do hospital, mas para onde convergem todos os seus profissionais e serviços. Onde o foco sempre cai quando alguma celebridade é internada. Temos que exercer medicina intensiva, ágil e precisa sem possibilidade de erro; conversar com inúmeros parentes e conhecidos; agir como psicólogos durante a crise mais intensa possível da vida de qualquer pessoa, inclusive participando de discussões familiares; intermediar com médicos de fora do setor, os médicos assistentes trazidos por familiares para acompanhar seus parentes, que nem sempre entendem de medicina intensiva; e ainda temos que nos manter extremamente atualizados em nossa área e ao menos razoavelmente em todas as outras. É uma tarefa difícil, sem dúvida.

Quanto aos médicos assistentes, muitos familiares têm dúvidas acerca de seu papel e de como é sua atuação diária. Todo paciente internado em um hospital deve ter um médico ou uma equipe médica responsável. Estes podem ser do próprio serviço ou de fora, e suas atribuições incluem os mesmos direitos e deveres a que o corpo clínico do hospital é submetido. Quem assume o caso de um paciente tem em mãos a sua condução. Todas as programações diagnósticas e terapêuticas são de seu domínio. A equipe do hospital passa a cumprir suas definições, sugerindo somente e acatando suas ordens, a menos que se identifique algum prejuízo ao paciente ou necessidade de conduta urgente. O relacionamento profissional de nossa parte visa sempre contribuir com o tratamento do paciente e nunca atrapalhar, que seja entendido. O médico assistente ou alguém de sua equipe deve obrigatoriamente ir ao hospital todos os dias, uma ou mais vezes dependendo de seu julgamento e conforme acordado com a família, examinar seu paciente, avaliar seus exames e prestar as devidas considerações à sua prescrição médica, escrever todos os registros em prontuário e relacionar-se com as equipes da casa, além de conversar com os familiares e esclarecer suas dúvidas todos os dias. Os intensivistas do CTI assumem papel secundário. As informações são centralizadas no médico assistente para evitar dispersão e inexatidão. Este é obviamente um serviço remunerado, mediante valor combinado entre os familiares e seu médico para cada visita usualmente, e a decisão de se entregar um caso a um médico assistente não pertence a este nem tampouco a nós, mas unicamente ao familiar. Esta definição é de sua responsabilidade, que deve tratar o assunto com premência e cortesia para com os envolvidos, principalmente em caso de introdução do médico assistente durante o curso da internação.

Quando uma pessoa busca um médico ambulatorial para resolver determinado problema, sempre deseja o especialista. No CTI não pode ser diferente. É fundamental que não seja, pois o tratamento inadequado pode ser muito mais deletério que no consultório. O CTI pertence ao intensivista bem treinado e não ao médico que faz desta atuação uma complementação de renda, sem dedicação. Fazemos diferença e temos orgulho disso. Infelizmente, o sistema requer mais médicos para os centros de terapia intensiva do que o número disponível, sem valorizar nem remunerar adequadamente este perito. O intensivista, altamente especializado, é o piloto do avião comercial de maior capacidade e com mais instrumentos, que faz as viagens mais arriscadas e demoradas. Ele atua há mais de cinquenta anos sem que muitos sequer saibam de sua existência ainda hoje. Quando prestei prova para a residência médica, a especialidade era denominada Terapia Intensiva, derivada de CTI. O nome Medicina Intensiva veio depois, para identificar este ramo da profissão que encontra poucos adeptos devido às dificuldades e aos baixos salários. A maioria dos médicos quer ter seu consultório, onde faz seu horário, sem dormir fora de casa, com um trabalho menos exigente. E nós que temos residência e título de especialista, que sempre atuamos em CTI, que nem consultório temos já que trabalhamos somente dentro de hospitais, seguimos adiante, considerados sem distinção pelo sistema de saúde e pela sociedade em relação a outros colegas que trabalham conosco e não são especialistas. Isto está mudando, no entanto mais lentamente do que desejamos.

Os centros formadores já não têm tanta procura, e o intensivista é atualmente um profissional raro no mercado. Temo pelo declínio da medicina intensiva.

"Talento e empenho somam-se em sua personalidade, em favor dos semelhantes, particularmente dos pacientes.

Reconheço no senhor o melhor amálgama das qualidades do bom médico.

Grato"

A vida profissional progredia e eu aproveitava alguns prazeres negados a mim por tanto tempo. A despeito do que alguns pensam, principalmente colegas, quanto a não termos direito a momentos de fuga da medicina, eu investia em esporte e lazer. Quando chegamos ao trabalho na segunda-feira pela manhã com a pele bronzeada, levemente que seja, basta para ouvirmos gracejos. Houve uma época em que eu até sentia vergonha por experimentar um pouco do divertimento tão negado a nós, que é o final de semana. Pensava não ter direito a isso. Já não me comporto assim há muito tempo. A vida é por demais efêmera e preciosa para perdermos tempo com bobagens.

Toda vez que nos propomos a fazer algo novo, devemos estudar e nos aprofundar em temas que não conhecemos tão bem, nos quais não temos tanta experiência prática, e somos imbuídos de renovado estímulo. Estava feliz, cumprindo plantão em um CTI geral, onde o foco é o paciente clínico, mas que admite todos os tipos de doentes.

Muitos hospitais em todo o mundo alocam seus pacientes em setores específicos, com equipes bem treinadas. Os quatro grandes tipos de unidades de terapia intensiva são o clínico, o cirúrgico ou pós-operatório, o neurológico e o cardiológico. Este último é ocupado por médicos cardiologistas denominados cardiointensivistas, que tratam os pacientes cardiológicos com infarto agudo do miocárdio, arritmias cardíacas e inúmeros outros problemas. A convivência entre essas quatro esferas é diária e fluida. Tentamos trabalhar unidos, ajudando uns aos outros sempre que necessário.

A conclusão de que o paciente é melhor tratado em unidade específica para sua doença procede. Por vezes o doente é internado em outro CTI devido a disponibilidade de vagas, onde a equipe também está preparada para lidar com todas as doenças, mas sem o nível de especialização máximo. Esta deficiência é suprida com programas de treinamento interno e com auxílio das equipes do setor específico e, tão logo quanto seja possível, a transferência para o CTI próprio. Todavia, o paciente que interna com acidente vascular cerebral, o AVC, encontra-se sujeito a desenvolver pneumonia, inclusive com risco elevado devido a características desta doença; da mesma forma, o paciente que é admitido com pneumonia pode também manifestar AVC em algum momento. Por esta razão, o intensivista deve ser treinado basicamente em todos os aspectos, embora possa se especializar em determinadas afecções que são mais frequentes no CTI em que atua.

Durante a residência em medicina intensiva recebi treinamento em todos os três tipos de CTI, à exceção do neurológico. Este ainda é recente no país, mas ganha cada vez mais força, com novos hospitais aderindo a esta unidade que obtém melhores resultados para este difícil tipo de paciente. Fiz também estágio no setor de nefrologia, onde aprendi sobre os aspectos da insuficiência renal e da hemodiálise, e acompanhei cirurgias para entender melhor os pormenores desta etapa.

Um hospital terciário, assim denominado por sua capacidade em atender casos complexos, com profissionais e métodos especializados, bem como promover pesquisa e ensino, reunindo em seu corpo clínico todas as especialidades, é onde a medicina intensiva tem seu lar. Tudo que é preciso para o bom funcionamento de um CTI está aí presente. O hospital é autossuficiente e o intensivista sente-se confortável por dispor de qualquer instrumento diagnóstico e terapêutico que precise. Pode-se fazer a medicina como deve ser. Desejaria que os hospitais do SUS tivessem esta mesma realidade, mas seu abandono pelos governantes é notável e conhecido por toda a sociedade. É difícil não poder oferecer o que o paciente deve receber por falta de tais insumos no hospital público. O médico absorve a responsabilidade imputada pelos próprios políticos e pela imprensa, e sofre. O sistema de saúde é o culpado, não o profissional que trabalha em condição deficiente. Há maus médicos, assim como há maus trabalhadores em todas as outras carreiras. É mais simples penitenciar o indivíduo.

Em nosso país, pagamos duplamente pelos serviços. Uma vez para o Estado e outra para operadoras privadas. E ainda que muitos não utilizem o serviço público, o que desonera este sistema em incontáveis usuários mas mantém sua contribuição financeira, este não consegue prestar atendimento aos que não dispõem de recursos para o sistema suplementar. Provemos os meios para a distribuição de renda, mas ela não acontece. É triste que isto ocorra nas duas bases, nos fundamentos da sociedade, que são a Saúde e a Educação. Estas sempre são prioridades manifestas dos governantes, mas no transcorrer das décadas, nada muda.

Na vida pessoal entretanto, nem tudo ia tão bem. Meu casamento, já bastante desgastado, não respondia às medidas que tomamos eu e minha ex-esposa. Tentamos solucionar desavenças, mas já havia cicatrizes e feridas abertas em excesso. Este sofrimento perdurou por alguns meses, durante os quais fui promovido a médico diarista. Após seis meses de descanso, outra vez incrementava minha carga de trabalho, agora com cinquenta horas semanais, no limite entre o conforto e o excesso, mas com novas atribuições. Esta grata felicidade, este objetivo pendente agora alcançado, inclusive deixando de fazer plantões em final de semana, foi insuficiente para corrigir meus problemas pessoais. O destino se impõe, e não é escolhido. No início do ano seguinte eu estaria separado.

Pouco mais de cinco anos atuando incessantemente em medicina intensiva, incluindo a residência e a obtenção do título de especialista, resultaram na promoção a médico diarista, ou rotina. A diferença entre este e o plantonista não é facilmente percebida pelos familiares. Enquanto o médico plantonista vai ao CTI usualmente duas vezes por semana, sendo apenas uma delas diurna, o diarista lá se faz presente quatro, cinco ou mais dias semanalmente, incluindo finais de semana em sua escala. A impressão é a de que ele realmente vive na unidade. Cada um destes componentes da equipe tem papel fundamental, agindo em compasso. Ao diarista cabe um maior nível de atualização, experiência e versatilidade, agindo de maneira assistencial e gerencial. Quando há um problema, sua decisão prevalece e é exigida. É sua esta responsabilidade. Os direitos e deveres de um médico assistente a ele também se aplicam. O trabalho em conjunto com o plantonista, que o ajuda durante o dia e assume os encargos à noite para que ele possa descansar, deve fluir excepcionalmente bem em todas as práticas comuns à unidade.

Quando iniciei minha nova função, senti medo renovado. As incumbências eram tamanhas e tão diversas das que eu estivera acostumado que demorei a organizar padrões de funcionamento em minha mente. Pelo que me recordo, custou-me algo em torno de seis meses até que sentisse conforto e segurança mínimos. Conversar todos os dias com familiares e pacientes é desgastante, mas passei a sentir prazer nesta etapa do dia, travando verdadeiras conferências. Obviamente há pessoas a quem nos afeiçoamos um pouco mais, porém dedico tempo suficiente para todos, indistintamente. Aproveito os diálogos para difundir conhecimentos sobre as doenças e favorecer a vinda precoce ao hospital, como em caso de suspeita de AVC. Também faço diversas explanações acerca de fatores de risco para determinadas doenças, que a maioria das pessoas já conhece, mas que têm impacto maior quando proferidos em situação de temor. Espero modificar os maus hábitos.

No CTI lidamos com a última instância das doenças, quando os diagnósticos precoces não ocorreram e prevenções falharam ou não foram cumpridas. Somos a derradeira linha defensiva em busca da promoção à saúde. Visamos seu re-estabelecimento e também aconselhamento para evitar repetição. Encontrar uma pessoa de quem tratamos vivendo normalmente após tantas dificuldades nos traz felicidade.

Alguns casais de idosos, dos quais uma contraparte contrai doença grave e vem a falecer, realmente possuem elo afetivo tal que o outro que perdura não o faz por muito tempo. A explicação não está na ciência. Encontrei esta situação algumas vezes e tive intuição de que não poderia atribuí-la ao acaso. Presenciamos fatos realmente inusitados e nossa mente não deve ser estreita. Sempre lembro de minha esposa e filho, sou tomado por tristeza em um primeiro momento e por alegria por tê-los logo a seguir. Presto muito mais valor à vida após tantos anos e incontáveis sofrimentos que testemunhei.

É corriqueiro perguntarem se a causa de certa doença foi emocional. As enfermidades têm causa orgânica até que se prove o contrário. Sempre temos que investigar o corpo e estabelecer ou afastar diagnósticos. É errado atribuir às emoções a ocorrência de doenças. Sentimentos, bons e ruins, fazem parte de nós desde que existimos. Eles não são origem de afecções, mas apenas podem exacerbar algumas respostas. Uma emoção forte não faz existir um aneurisma, mas pode resultar em aumento súbito de pressão arterial que o faça se romper. Há crenças pessoais porém de difícil dissuasão.

Um mito popular é o conhecido "problema de sistema nervoso", que não é exatamente como alguns imaginam. Esta estrutura é em verdade comum a todos os seres humanos, é parte de nossa anatomia e fisiologia, e não uma condição clínica. O Sistema Nervoso, central e periférico, detém o controle do corpo em sua completude e de suas relações com o meio exterior. Quando sofremos de algum mal que embota nossa consciência e raciocínio ou altera nossas emoções, devemos uma vez mais afastar uma causa orgânica, valendo-nos de exames clínico e complementar. É vedado ao intensivista assumir explicação originada em suspeita. Ele deve buscar certeza.

A hipertensão arterial é outro aspecto que induz confusão. Como doença, chamada hipertensão arterial sistêmica, desenvolve-se progressivamente ao longo de anos, décadas em sua forma mais usual, durante os quais provoca danos no sistema cardiocirculatório e em vários órgãos. A pressão que aumenta subitamente por comoção e reduz-se um alguns minutos não é a determinante das lesões crônicas. Os níveis tensionais mal controlados, mantidos por longo tempo, é que prejudicam coração, vasos sanguíneos, cérebro, rins e outros órgãos. O paciente que faz uso de medicamento para controle de pressão deve seguir rigidamente a orientação do médico em quem confia, ao invés de tomar os remédios somente quando sente-se mal, como muitos fazem, ou ainda deixar de utilizá-los por alguns dias a cada mês. Desta maneira ele prejudica a si próprio. Em casa não medimos nossa pressão com intervalo de uma hora como no CTI. É isto que faz os parentes assustarem-se quando vêem pressões que julgam mais elevadas durante a visitação. Há que se buscar explicação técnica junto ao médico intensivista.

O monitor de sinais vitais, presente em todo leito de CTI, sempre exibe diversos números e curvas, de cores variadas. É comum os familiares sentirem-se compelidos a olhar aquele amontoado de informações, que oscilam constantemente. O monitor tem ajustes de alarme, visual e sonoro, para nos avisar se algum parâmetro se afasta da faixa ideal, esta personalizada para alguns pacientes em certas condições. Costumo pedir que não se atenham à tela, mas em nossa interpretação desta, ou serão consumidos por ansiedade toda vez que um valor aumentar ou diminuir alguns algarismos. Esclarecer dúvidas conosco é a solução.

Um comentário se faz pertinente. Nem sempre conseguimos obter um diagnóstico preciso. Há ocasiões em que somente excluímos algumas hipóteses e tratamos as restantes guiados talvez apenas por síndromes. Imbuímo-nos de esperança. A mesma nutrida pelos parentes. E aguardamos. Usualmente o paciente melhora, mas momentos de angústia se passam até que isto ocorra.

Por sucessivos dias eu comparecia à unidade, acostumando-me com o novo modo de trabalho. Quando passei pela residência médica, entendi o significado de seu nome na prática. Agora, aprendia a significância desta nova situação. Ela era nomeada pela mudança que provocava em mim. Era a minha rotina de trabalho que assumia caráter uniforme junto aos doentes de quem tratava. E eu era o pilar de ancoramento para familiares e pacientes. Desenvolvia normas definidas para tentar não cometer erros, seguindo recomendações literárias científicas. Cada atitude que fazia diariamente tendia a ser ordenada, de modo a atingir com segurança os objetivos. Desenvolvia maior rapidez de raciocínio e velocidade de condutas. E gostava mais ainda das conversas. Pensam que no CTI não interagimos com as pessoas. Pensam errado. No centro de tratamento intensivo é onde mais nos relacionamos com pacientes e familiares, em situações emocionais de fragilidade intolerável para eles, em que aplacamos choro, amenizamos raiva e modulamos negação, literalmente emprestando nossos ombros para tanto. Dialogamos com sinceridade, muitas vezes sem tempo para esclarecer paulatinamente as condições, sendo obrigados a dar vazão a uma grande quantidade de informações de uma só vez. No entanto, também há muitos momentos em que comunicamos razões para alegria e sorrisos. E fazemos isso todos os dias, com dezenas de pessoas.

A esta altura, já não tinha mais problemas, ao menos não profundos, com obsessão por limpeza. Fui compelido a derrotar esta sensação incômoda que me levava a tomar atitudes impulsivamente. Penso que encontrei um equilíbrio. Hoje, lavo as mãos e sigo de modo involuntário, até exorbitante, os preceitos de higiene necessários ao CTI. Ainda sinto resquícios compulsivos por vezes, como ao usar uma folha de papel para abrir maçanetas. Forço-me a não agir assim em frente ao meu filho, embora com algum sofrimento, pois não posso transmitir problemas meus para ele. Os amigos e colegas já habituaram-se e mesmo eu sinto-me bastante confortável em brincar com certas práticas. Todavia consigo, mediante certo esforço, abrir maçanetas com minhas mãos nuas. É só empunhar a parte da maçaneta em que ninguém segura, como embaixo de um puxador circular. Sinto uma risada preenchendo minha mente e em seguida minha face, para depois ouví-la, enquanto digito tais absurdos, que para mim, minha família e amigos são já comuns e engraçados.

Naquele ano de dois mil e cinco, eu havia vivenciado a vigésima sétima comemoração por minha data de nascimento, e tinha a responsabilidade de agir como médico diarista. Em meu lar, as obrigações de pai exigiam minha atenção concomitante. Cuidava de minhas necessidades, de estudo e de novas atribuições. Realmente não eram infrequentes os momentos em que a atenção à minha família era insuficiente. Fazia o melhor. Ainda assim não bastou. Após cerca de três meses da promoção, findou meu matrimônio.

***

O processo emocional do rompimento perdurou por uma semana, após o que saí de casa. Naquele momento não morava mais com meu filho. Um amigo a quem serei eternamente grato, a quem tenho como irmão, permitiu que eu ficasse em seu apartamento. Lá permaneci por quatro ou cinco meses, recuperando-me de ferimentos em meio a um convívio feliz e descompromissado com ele e sua então namorada, que hoje o acompanha como esposa. Apoiei-me no trabalho para subsistir. Recordo de meu chefe perguntando se eu desejava uma licença durante o período em que me separei. Tivesse eu aceitado, certamente meu caminho teria se desvirtuado, pois perderia o foco de minha mente. Precisava de automatismo durante o dia e exaustão ao final dele. Somente o trabalho poderia me conferir esse benefício.

As semanas transcorriam morosas. Muitas conversas e momentos de descontração foram necessários para que o tempo se encarregasse das memórias. Eventualmente, as tristes foram substituídas por recordações amenas, e por fim felizes.

Trabalhava com afinco. Dedicava toda minha energia e frequentemente permanecia além de meu horário. Alguns relacionamentos amorosos surgiram então, e iniciei a caminhada rumo ao equilíbrio em minha vida nos aspectos pessoal e profissional. Era contente uma vez mais. Via meu filho nos finais de semana e com o tempo pude tê-lo dormindo em minha casa. Com pouco mais de dois anos de idade, ele ficou livre de presenciar futuras desavenças entre seus pais, como eu havia vivenciado até a adolescência com os meus. Penso em como foi difícil todo aquele episódio e em como a mãe dele finalmente decidiu que não mais poderíamos continuar. E em minha consciência, agradeço a ela por sua coragem em desvencilhar-se da acomodação tão comum a todos nós. Hoje temos vidas felizes, convivemos harmoniosamente com o menino, e este abraça minha atual esposa com amor correspondido. Foram precisos mais de vinte e cinco anos, problemas com meus parentes, dois casamentos e um filho, para que eu entendesse e prestasse o merecido valor à família. É sempre mais fácil entendermos os fatos retrospectivamente, com a serenidade própria de quem já os testemunhou. É a maneira mais consistente de aprendermos. Assim também é na medicina e em seus diagnósticos por algumas vezes. Essa foi a origem da compreensão das doenças. Se ao menos os conhecimentos acerca de relacionamentos pessoais pudessem ser gravados em livros e tão facilmente aplicados, problemas e sofrimentos poderiam ser evitados, mas ao preço de perdermos a individualidade que faz de nós quem somos.

Transcorridos meses adentro do ano de dois mil e seis, encontrava-me em meio à reforma de meu atual lar. Fazia inúmeros plantões adicionais para aumentar meus proventos e permitir minha estruturação financeira, que demorou cerca de três anos para completar-se. Passava duas, três noites fora de casa, trabalhando. Foram dias de aventuras. Vivia despreocupado, montando minha casa aos poucos, adaptando-a a meus gostos e necessidades. Sempre senti prazer em obras e construções. Se muitos que não são médicos dizem que poderiam ou desejariam ter sido, eu já pensei por vezes em arquitetura. Talvez em outra vida esta pudesse ter sido minha profissão. Afasto este devaneio de minha mente e sinto-me completo por ser médico, particularmente intensivista. Já atuei como médico assistente prestando visitas a pacientes internados, mas não senti conforto. Meu espaço de trabalho deve ter tudo que seja preciso para resolver problemas e atingir estabilização do paciente em minutos a horas. Preciso agir e ver o resultado em curto espaço de tempo. Toda incursão que fiz para fora do CTI, mostrou-me que não é em consultórios que devo clinicar. Sinto proteção e confiança dentro de seu restrito ambiente hospitalar, junto a meus colegas, tal qual guerreiros em uma parede de escudos bem montada. Sou um intensivista e meu campo de batalha são as unidades de terapia intensiva.

Em abril daquele ano, fui transferido para um CTI neurológico, uma unidade neurointensiva, no hospital em que trabalhava como plantonista. Esta é uma modalidade da terapia intensiva presente há décadas no exterior, mas que só começou a ganhar força recentemente no país. Tratamos de pacientes com todo tipo de condição neurológica aguda. Acidente vascular isquêmico e hemorrágico, rotura de aneurismas, traumatismos cranianos, neurocirurgias em pós-operatório e convulsões são as mais frequentes. Iniciei então um caminho que me conduziria a um pequeno grupo. O de neurointensivistas, composto por combinação de intensivistas que compreendem bem os aspectos da neurologia em suas condições agudas e neurologistas treinados em medicina intensiva.

Na unidade neurointensiva, vivenciei momentos de padecimento que não havia antes sofrido. Os pacientes próprios a este setor têm doenças que causam grande impacto em suas vidas e nas de seus familiares e amigos. Muitos são jovens, que têm seu caminho interrompido por moléstias agudas. Ainda veria incontáveis casos nos anos vindouros.

***

Morava já há alguns meses sozinho aproveitando os benefícios e prazeres desta situação, quando conheci minha linda esposa, que junto com meu filho sustenta-me em todos os momentos em que perco energia. Nosso relacionamento evoluiu com notável rapidez. Em pouco tempo eu já dividia com ela minha casa. Foram meses de exultação. Ela e meu filho desenvolveram uma forte ligação afetiva. Nada me faltava. Pensava estar também no auge da especialidade, mas neste aspecto, ainda teria muito pelo que passar.

Neste período, meu convívio com meu filhote melhorou bastante, dotado de novo fôlego com a chegada de minha esposa, então namorada, que acrescentou alegria tanto quanto possível. Revigorei-me com a interação entre nós três. Uma família se iniciava. A minha própria. Ele dormia conosco nos finais de semana em que não trabalhávamos. Tinha meu filho de volta. Uma enormidade de passeios e viagens fez-se comum. Era um novo modo de vida para mim e para ele.

Este ano foi um marco em minha vida. Engajei-me em duas novas propostas no trabalho, com a função de rotina recém adquirida e a transferência para o CTI neurointensivo, e acima de tudo, envolvi-me com a mulher com quem desejo viver todos os meus dias. Com ela divido as felicidades, compartilhando as boas notícias; discuto as dúvidas e peço conselhos; divirto-me em nossos horários de folga em prazerosos momentos de ócio e intimidade; confidencio medos e angústias; e sinto toda tristeza desaparecer num abraço.

Alguns cuidados têm que ser praticados pelos profissionais que atuam em CTI. Ao contrário do que antes era pedido, as vestimentas e os calçados podem ser os de uso cotidiano, sem obrigação de capotes, exceto quando há colonização por bactérias resitentes a antibióticos em determinado doente. Isto aplica-se somente à equipe de saúde.

Os acompanhantes de tais pacientes não devem ter contato físico com outros de quem não sejam relacionados, e as bactérias que possam aderir às suas mãos serão erradicadas por sua flora nativa, sem representar perigo para eles e para pessoas saudáveis que não estejam sujeitas a infecções. A recomendação é diferente para nós, que não podemos usar adornos nas mãos durante o exame físico, pelo risco de transmitirmos bactérias entre os pacientes. Os anéis, relógios e adereços são proibidos ao profissional que trabalha no CTI durante o expediente, devido ao controle de infecções. Lavar bem as mãos requer ausência de objetos que possam reter bactérias. Todos os dias tenho que tirar a aliança, mas não sem antes dar-lhe um pequeno beijo, com um pensamento afável no rosto de minha mulher. Então, ela fica devidamente presa atrás do meu crachá de trabalho e vez ou outra eu a seguro para municiar-me de novas forças.

Aos poucos, aprendia um novo foco que preencheria a maior parte de meu tempo. O paciente neurológico agudo tem particularidades às quais eu não estava habituado. São nefastas as doenças que nos tiram a cognição. É por demais sofrido acompanhar um paciente novo que sofre mazela neurológica, assistindo seus pais em prantos. Tive pacientes com traumatismo craniano que perderam todo o caminho ainda por trilhar devido a sequelas, ou mesmo suas vidas. É difícil julgar o pior dentre estes desfechos. Mais uma vez, o destino não é traçado por nós. Somos títeres, por mais que pensemos o oposto. Prestar notícias aos familiares demanda energia vital se informamos sobre o falecimento inesperado de um jovem. Demora certo tempo até nos recuperarmos, mas isto é preciso. Há outros ainda necessitando de ajuda, e não podemos desvirtuar nosso raciocínio. Seria impossível prosseguir sem endurecer ao menos um pouco nossos sentimentos. Em um CTI podemos ter alguns falecimentos em determinado mês, com repetição de todo o extenuante processo. E não há preparo para tanto conferido em salas de aula. A primeira vez, fez-me desmoronar, preencheu meus pensamentos por dias, até que a imagem foi lentamente evanescendo.

Os idosos certamente provocam comoção, mas muitos já tiveram plenitude em suas vidas, diferente de pessoas com vinte anos ou pouco mais. Quando os parentes têm tempo para prepararem-se, quando esperam por um fim próximo, como em caso de câncer avançado em situação de terminalidade, o momento vem mais sereno e a dor é abrandada.

Quando o familiar mantém acompanhamento por dias a semanas, comparecendo à visita incansavelmente, demonstrando confiança e agradecendo mesmo em caso de falecimento, ficamos certos de ter feito tudo ao nosso alcance. Sabemos que não podemos ganhar sempre, mas temos satisfação com o trabalho bem feito e com a certeza dos parentes quanto a isto. Nesta condição, costumamos permitir acesso prolongado aos parentes. A decisão em acompanhar de perto o enfermo pertence a eles e não impedimos seu desejo de passar os últimos momentos ao seu lado, acarinhando e proferindo palavras de alento, mesmo que ele já não mais os escute.

Por vezes, usualmente a partir do terceiro dia, os familiares já não choram tanto e manifestam-se mais calmos. Digo a eles que é normal, que não é insensibilidade de sua parte, mas uma adaptação de suas mentes para que continuem vivendo, sem cair em prantos a todo instante. Eles sempre manifestam enorme alívio quando escutam estas palavras.

Conversar com o paciente é sempre bom, desde que em tom ameno e sem provocar agitação. Ouvir uma voz familiar traz conforto e acalma. E quando o paciente não pode escutar, seja por estar sedado ou em estado de fim de vida, o discurso usualmente tem o mesmo efeito em quem fala. Assim é verdade também com gestos de carinho. Um afago no rosto ou nos cabelos, um beijo nas bochechas ou na testa, nunca farão mal.

"Esposa, filho e demais familiares agradecem emocionados o desvelo e a generosidade dedicados ao amado por ocasião de sua hospitalização e falecimento. Ressaltamos com gratidão a especial competência de toda a equipe da UTI neurológica, na pessoa de seus plantonistas, enfermeiros, funcionários e do excelente corpo de médicos."

Uma situação pela qual já passei algumas vezes é o caso de acidente violento fora das dependências do Sistema de Saúde. Se não for presenciado pelo médico que atende e resulte em óbito, este deve encaminhar o corpo para o Instituto Médico Legal, o IML. A causa da morte deve ser elucidada adequadamente e a Lei exige um inquérito nestas condições. Isto inclusive protege os familiares nos anos vindouros, já que em algumas situações, outros herdeiros podem se manifestar em discordância. É o que acontece quando um paciente que sofreu um acidente automobilístico ou uma queda, com traumatismo craniano, evolui para falecimento durante a internação. Por mais doloroso que seja conversarmos tão lúgubre tema com os familiares na hora mais amarga possível, este é um dever, uma obrigação judicial, que temos que cumprir. Agimos com consideração e serenidade, acompanhando e informando os parentes pelo tempo necessário.

No CTI tentamos criar um ambiente humanizado, em que os parentes estejam conosco, vendo como trabalhamos, testemunhando as dificuldades e a turbulenta rotina. Nada temos a esconder. O período de cerca de uma hora em que acontece a visitação não é mágico, sem intercorrências, mas uma amostragem das demais vinte e três horas diárias. Camuflagem é proibitiva. O paciente recebe os cuidados igualmente fora deste período. Ao contrário, é melhor que o familiar esteja acompanhando todos os eventos com proximidade. Isto enaltece o relacionamento e traz confiança.

Os complexos processos organizacionais de um hospital, e principalmente de um CTI, são percebidos sem dificuldade. Desde a limpeza das instalações e do atendimento prestado pelos profissionais, até as questões técnicas e operacionais. Insegurança não deve existir. Imagino que alguns familiares deixam a unidade no primeiro dia, talvez pensando se o parente está sendo bem tratado longe de seus olhos. Somente a confiança e credibilidade podem sobrepujar estes devaneios. É compreensível tal julgamento. Saúde e vida estão sob risco. Nossa responsabilidade é demonstrar que seus receios são equivocados. Provar que não têm fundamento. A convicção deve por nós ser conquistada e merecida, e o familiar deve se manifestar quanto aos seus anseios sem temer repercussão hostil. Para tanto, costumo avaliar artesanalmente as necessidades de cada paciente e de seus familiares. Se o prolongamento de visitação será ou não favorável àquela fase de doença.

Alguns familiares de pessoas em extrema gravidade perguntam se podem ir para casa ou se devem permanecer no hospital. O CTI usualmente não tem acomodação para acompanhantes. Todo hospital tem normas particulares de funcionamento e também instalações diferentes. Todavia, digo a eles que sigam seus sentimentos e disponho-me a ajudar no que estiver ao meu alcance. Coloco-me em seu lugar. Eu certamente sucumbiria ao lado do leito por cansaço quando não mais sustentasse meus olhos abertos. Penso nisso, mas penso também na saúde do familiar e no andamento do trabalho dentro do CTI. Avalio a que distância do hospital ele reside. Pondero as opções e o aconselho a descansar em casa e retornar pela manhã, assegurando-lhe que farei uso de informações por telefone se alguma mudança significativa ocorrer. Nosso tempo não pode dedicar-se somente a conversas e atenção à família. Em primeiro lugar vêm os pacientes, porque são uma dezena, e temos que cuidar de todos. O entendimento deste aspecto e de que há outros no setor deve tornar-se evidente aos familiares. É difícil pensarmos nos outros quando estamos em apuros. Talvez este seja o fundamento do altruísmo.

Os pacientes em um CTI são vulneráveis a uma condição denominada *delirium*, em que as funções mentais se distorcem e a desorientação e o comportamento inquieto e por vezes até conturbado manifestam-se. Tal fato ocorre por estarem em local estranho, com sons e luzes aos quais não estão acostumados, em camas diferentes, em presença de pessoas que nunca viram antes e sem aptidão a realizarem suas atividades cotidianas. Pessoas tão jovens quanto menores de vinte anos de idade podem desenvolver esta entidade, praticamente sempre transitória, que em sua maioria precisa de medicamentos para reversão. Idosos entretanto são os mais suscetíveis. O ambiente do CTI, as conversas, a presença de familiares e o ajuste de remédios fazem-se necessários para resolução.

Houve momentos ao longo de minha vida profissional em que senti-me na divisa entre a sanidade e o desatino. O apoio dos amigos que estiveram ao meu redor e de minha família no retorno para o lar prenderam-me à primeira. Durante o plantão, em meio ao caos, fazemos diversas brincadeiras, algumas com característico e protecionista humor sombrio. Risadas. Elas mantém a mente com alguma reserva de boas sensações, que contrabalançam os soturnos acontecimentos que vêm a seguir.

É comum o familiar solicitar brevemente a alta da unidade. Que fique esclarecido que esta ocorre somente quando o intensivista julga seguro. Nem tampouco um paciente é liberado para que outro interne em seu lugar. Nosso critério é a estabilidade fisiológica. O paciente permanece por tanto tempo quanto se faça preciso.

Há três setores para internação em um hospital. O mais simples é o quarto, ou apartamento, ou enfermaria, em que o doente tem certa independência, com atitudes próprias, como a ida ao sanitário por seus meios. A unidade intermediária é chamada de semi-intensiva, em que há monitores e vigilância, com equipes médica, de enfermagem e de fisioterapia em maior proximidade, prestando-se à transição. O setor mais complexo, onde trabalho, cuida dos pacientes graves, agudos, possuindo todo o moderno arsenal de monitorização e tratamento, com telas e computadores, e diversos aparelhos e ventiladores mecânicos. No entanto, a caracterização é emblemática pela presença dos intensivistas, médicos, enfermeiros e fisioterapeutas, que aí estão continuamente, sem repouso, em turnos inesgotáveis de revezamento. Alocamos os enfermos em cada setor na etapa específica de sua doença.

Um grande hospital tem muitas semelhanças com um hotel. Há a gerência de hotelaria, que se faz em serviços de estruturação dos leitos e quartos e também o serviço de nutrição, que produz e disponibiliza a notoriamente insossa porém confiável comida de hospital. Ainda assim, quando solicitamos alta e esta não se completa prontamente ou mesmo permanece indisponível para o mesmo dia, as queixas são inevitáveis. A explicação simples de que os fluxos de altas e internações entre os diversos setores, a emergência e o centro cirúrgico não têm previsibilidade absoluta, confere entendimento, mas nem sempre aceitação. É desgastante para qualquer pessoa permanecer no CTI por uma noite além do que precisa, mas quando a hospitalização ainda se faz imprescindível, a equipe se desgasta na tentativa de fazer compreender o paciente e seus familiares, nem sempre por simples e ligeiro diálogo.

O final do ano não tardou. No seguinte eu seria transferido para a rotina de uma unidade neurointensiva, no mesmo hospital em que tinha este encargo. Este novo CTI seria inaugurado, e por ser o único neurointensivista presente, o fardo cairia em minhas mãos.

***

Lembro-me do mês de outubro daquele ano de dois mil e sete. Deixei o cargo de diarista de uma unidade clínica para fundar outra enfocada em pacientes neurológicos agudos. Meu treinamento ocorrera nos últimos quinze meses no outro hospital. Tinha adquirido razoável experiência, e seria testado e exigido como nunca antes. Todos os fios brancos, no cabelo e na barba, que hoje possuo, surgiram no primeiro semestre de funcionamento. Aprendia e ensinava incansavelmente. Toda a interação com os outros profissionais, médicos assistentes, gerência e setores diversos, tanto quanto com diretrizes e protocolos foi inserida subitamente em minha vida. Requisitei à coordenação três pessoas de outros setores para que o sucesso pudesse ser atingido. Dois com quem eu fora admitido anos antes como plantonista e junto aos quais amadureci. Outro que me acompanhava como colega de plantão há três anos em turno de doze horas na rotina. Dois intensivistas e um neurologista que se tornaria rapidamente um neurointensivista dada sua experiência nos meandros da medicina intensiva. Amigos pessoais e exímios médicos com quem trabalharia contente em qualquer serviço. Entretanto, senti toda a minha energia desvanecer nos meses seguintes.

Como acontecera antes, habituei-me e adquiri ritmo. Aprendi o ofício. A equipe especializava-se cada vez mais e eu junto a ela. Minha perseguição incessante, talvez até arrogante, pela perfeição, reinava mais intensa do que nunca antes. Irritava-me com diminutos erros. Desenvolvi novas obsessões. Temia ainda mais os desacertos em prescrições e as conferia algumas vezes por dia. Algo como trancar a fechadura de casa, andar pelo corredor e retornar compulsivamente antes de chegar ao elevador para certificar-se de que o fez, mesmo que sua lembrança o convença de tal fato.

A segurança no CTI é aspecto de suprema importância. Os processos vêm sendo moldados conforme exemplos empresariais, com gestão de riscos e qualidade. Um hospital é talvez a instituição mais complexa e potencialmente insegura existente, pois lida diretamente com vidas humanas. Nossa responsabilidade é tremenda. Esta conclusão não é presunçosa, e sim realística. É justificável o pavor do paciente ou familiar quando há necessidade de internação. Acredito que haja bastante relutância em procurar atendimento. O pensamento simplista que deveriam ter porém é que a permanência em domicílio será uma escolha pior. Perdemos a precocidade na ajuda à cura de certas enfermidades agudas. Muitos até afirmam que nunca precisaram de um médico, mesmo já com o peso da idade sobre os ombros. A medicina preventiva foi aí desprezada, e uma doença evitável prosseguiu inexorável, desimpedida em seu curso. Temos nossas limitações. Cientes disso, tentamos solucioná-las a todo instante. Cabe a nós atrair os pacientes por nossos resultados. O mesmo ocorre com qualquer estabelecimento.

É inevitável deixar de pensar em meu pai neste momento. Após três infartos cardíacos, agora com alguns *stents* em suas artérias coronárias para tratar obstruções, ele ainda faz uso abusivo de álcool e tabaco. Seus medicamentos, imprescindíveis ao controle de suas doenças, há muito foram descontinuados. Atividade física nem ao menos é pretendida. Já não frequenta consultórios há mais tempo do que consigo lembrar e tampouco realiza exames laboratoriais. Ele não é diferente de tantos outros que conheci. Sou por vezes incomodado por pedidos de meus familiares, que demonstram incompreensão. Eles têm convicção de que possuo a solução e a incumbência, ambas por ser médico. Meus anseios como filho e minha impotência frente a inúmeras tentativas frustradas em dissuadí-lo de continuar a destratar seu corpo nada representam para eles. Nenhum tratamento pode ser imposto forçosamente, sem consentimento, exceto em caso de urgência e risco de vida. A responsabilidade por sua vida reside em sua própria consciência, e o desapontamento pelo fracasso em ajudá-lo habita a minha.

Com minha mãe encontro-me uma a duas vezes por ano. Relaciono-me um pouco mais com meu irmão, com quem tenho forte afetividade. Perdi há muitos anos meu primeiro sogro, a quem considerava um pai. Meus conceitos de família aos poucos desvaneceram. Hoje, empenho e dedicação restauram os fundamentos há tanto esquecidos, com meu filho e minha esposa, meus amigos e colegas, e com meus pacientes.

***

As doenças da unidade neurointensiva eram características. Pacientes usualmente bem graves. As recompensas por impedir ou atenuar a perda da capacidade mental rivalizavam com a penalidade quando éramos derrotados. Vales e picos. Assim é com os pacientes de quem tratamos e também conosco. Reconhecemos mais uma vez que a vida é frágil e sua preservação árdua.

Isquemias cerebrais, sangramentos, rompimento de aneurismas, convulsões, traumatismos cranianos, pacientes que fazem parada cardíaca e precisam de melhores chances de recuperação neurológica, lesões agudas de coluna vertebral e medula, meningoencefalites, pós-operatórios de neurocirurgia, afecções neuromusculares e morte encefálica. A lista não é pequena. Esta última condição é motivo de muita tristeza. O paciente que sofre morte do cérebro e do tronco cerebral, a estrutura que o comunica com o resto do corpo e possui centros vitais, estará morto mesmo que o coração ainda funcione. Há somente duas maneiras de morrermos. O coração pára ou o cérebro cessa suas funções irreversivelmente, o que é comprovado por exames clínicos e complementares. As duas se equivalem. Um órgão não existe sem o outro, e o corpo perde sua essência vital. Morte é constatada em qualquer das duas. Eufemismos não podem ser usados. O paciente se foi. Em alguns casos os parentes conseguem praticar doação de órgãos, e a vida se recupera em outra pessoa. Alimentamos o ciclo de renovação em que vivemos e buscamos ajudar incondicionalmente o próximo, sem esperar retorno de nenhuma espécie, com desapego e abnegação.

Parte das atribuições de um médico diarista e também do plantonista, compete à orientação de acadêmicos e residentes. Cuidar dos mais novos e ajudar para que não passem pelas dificuldades que vivenciamos. Nossas fileiras têm que ser abastecidas. O conhecimento é difundido como na Grécia antiga, na origem da medicina, e transmitido adiante. Os livros e textos, disponíveis amplamente de modo globalizado determinam a base para a transferência dos preceitos e técnicas, mas o contato prolongado com médicos experientes é essencial para consolidar a compreensão e esclarecer dúvidas de iniciantes. Isto consome nosso tempo, mas é primordial ao intensivista, além de induzir estímulo para estudo.

Gosto bastante dos momentos em que ensino alunos e acadêmicos. É uma experiência prazerosa participar da formação de alguém. Penso em carreira docente no futuro, mas ainda há muito o que estudar. Por ora, contento-me com o aprendizado diário, que atende muito bem às necessidades do meu trabalho. O treinamento é realmente ininterrupto, prático e teórico. Leitura é um hábito contínuo, impulsionado em grande parte por minha esposa. Optei por não instalar televisor em nosso quarto emoldurado por prateleiras, mas somente uma aconchegante cama com cabeceira macia e um aparelho de áudio. Música e livros, conversas e intimidades, culinária e gastronomia. É o que valorizo mais quando retorno para casa. Recordo dos pacientes e seus familiares, ainda com numerosos dias à frente, ansiosos pela alta do CTI, e meu conforto é abalado.

No convívio diário tento extrair o melhor de cada um com quem trabalho, médico, enfermeiro e estudante. É uma equipe de pessoas diferentes em estágios distintos de aprendizagem. Às vezes precisam de cuidado extra. Busco identificar os pontos fortes e estimulá-los, trabalhando individualmente as dificuldades, praticando elogios em público e reprimendas em particular. Quem está em posição de chefia sempre sofrerá indisposições aqui e ali. A maioria das decisões não agrada a todos. Temos que cuidar da equipe, mas também de cada indivíduo. Mas ser chefe é uma coisa e ser líder é outra. Chefe, as pessoas obedecem. Líder, as pessoas seguem mesmo sem concordar porque têm confiança que a melhor decisão possível foi tomada em qualquer circunstância.

***

No primeiro encontro com a família, costumo explicar o funcionamento de minha unidade intensiva, os horários e as escalas de seus médicos. Faço clara a distinção entre diarista e plantonista e explico a respeito de todos os dispositivos usados. Diagnóstico, investigação e proposta terapêutica são contemplados durante a internação. Comento também sobre os riscos e o que fazemos para diminuí-los. O paciente neurológico agudo têm notável incidência de pneumonia. Fatores inerentes à condição clínica favorecem esta infecção a despeito de medidas preventivas adequadas.

Quando o paciente permanece tempo demais com o tubo traqueal introduzido por sua cavidade oral, existem riscos. Neste caso indicamos a traqueostomia. Também o fazemos quando julgamos que o paciente não irá progredir para melhora se não aplicarmos este procedimento com antecipação. Digo que não indica passo para trás, mas permite caminhar adiante. É outro meio para conseguirmos o objetivo de estabilização, suspensão dos sedativos e saída do ventilador mecânico em casos selecionados. É um procedimento seguro quando feito por um cirurgião torácico experiente e potencialmente reversível, deixando apenas cicatriz na pele.

Há casos em que a doença, particularmente a infecciosa, entra em remissão e os familares vêem renovada a esperança de cura ou melhora. Nós pensamos da mesma forma, mas informamos com a honestidade de quem já passou por diversas situações parecidas. Peço que tenham sobriedade misturada com boas perspectivas em doses certas. Faço tudo que é correto, que há à disposição, conforme todas as orientações, mas nem sempre basta para que o paciente reaja com adequação. Infecções repetidas e de gravidade crescente podem acontecer em um organismo combalido. Por vezes a morte prevalesce. Esta vivência nem tão infrequente eu passo para os familiares pedindo que imaginem que caminham pelo escuro absoluto com um facho de luz em mãos que abrange somente um passo a cada pequeno intervalo de tempo. Caminhamos junto ao ritmo ditado pelo paciente.

A unidade de pacientes neurológicos agudos conquistara minha predileção. Encontrei nela meu nicho de atuação. Trabalho com amigos onde sinto-me confortável, podendo exercer toda a especialização que obtive ao longo de uma década na ajuda aos pacientes extremamente graves que caracterizam este setor. Trato todas as pessoas que atendo com igual cordialidade e profissionalismo, e algumas respondem com algo que beira a amizade.

Nesta época tratei de outra paciente por quem me afeiçoei. Talvez a que tenha deixado marca mais significativa em minha memória. Seu marido e filha praticamente viviam no CTI. Uma das piores doenças e com gravidade como nunca antes eu vira se abateu sobre ela. Ainda é o pior caso que acompanhei deste tipo. A hemorragia subaracnóidea grave por rotura de aneurisma, súbita, com todas as possíveis complicações e em máxima intensidade foi um inimigo terrível por várias semanas. Fiz uso de todos os recursos que a terapia intensiva oferece. Lancei mão de toda a habilidade que adquirira nos anos anteriores e penso sem falso constrangimento que contribuí grandemente para salvar sua vida. Sua permanência ultrapassou um mês. Cultivei amizade por seus familiares. Sua alta hospitalar ainda demorou muitas semanas. A visitei uma ou duas vezes no andar, o que não praticamos usualmente por escassez de tempo. Fugi à regra. Transcorrido algum tempo desde sua alta, fui convidado juntamente com um colega a uma homenagem, um tributo à sua vida, e a nós. Nunca havia imaginado tal evento. Senti vaidade, admito, verdadeira e humana. Minha esposa esteve comigo e partilhou desta experiência incrível. Já a encontrei mais duas vezes em andanças, ao acaso, em meio à sociedade novamente. Nenhuma evidência restou de tudo por que ela passou, todo seu sofrimento. Seu corpo está perfeito e forte, e sua mente alegre e saudável. Sua vida continuou e a minha engrandeceu.

"Esposo e filha agradecem a todos os médicos, enfermeiros, técnicos e fisioterapeutas do hospital pelos cuidados e atenção prestados durante toda a internação."

"Com um grande abraço, hoje de braços mais fortes e coração mais humano."

A paciente

Os dois anos seguintes fortificaram minha proficiência e minhas atitudes, técnicas e comportamentais. Retornei ao CTI geral no outro hospital em que cumpro plantão e permaneci em minha rotina na unidade neurointensiva. Um ano mais tarde, regressei ao hospital universitário em que me tornei um especialista, como parte integrante do corpo clínico, atuando em minha profissão no serviço de saúde suplementar e também no público. Descartei os plantões no emprego privado em troca de qualidade de vida com minha família, ou então incorreria no mesmo erro outra vez, com quase cem horas trabalhadas. O neurointensivismo cresce e eu o acompanho como diarista. Estou feliz, apesar de novamente fazer plantão no CTI geral do SUS em um dia de final de semana e à mercê de muitos problemas institucionais. Fiquei desacostumado com as dificuldades e insalubridades que já não enfrentava há alguns anos, desde o fim da residência médica. Aguardo o dia da mudança para uma condição melhor com tolerância.

Sinto um enorme contraste em todos os aspectos entre os hospitais privado e público e tenho muita dificuldade para trabalhar como estou acostumado dentro das limitações deste último. Um intensivista precisa de ferramentas adequadas e funcionantes para tratar bem os pacientes graves que compõem o CTI em que atua. É impensável oferecer qualidade em um lugar em que faltam exames, medicamentos e materias, mesmo que se tenha boa vontade de sobra. Embora esteja tentando manter no hospital público o mesmo nível de atendimento que ofereço no particular, este esforço é tamanho que desanima. É como lutar uma guerra sem arma nem armadura. A chance de fracasso é colossal. Talvez desista, comprando o sonho do emprego único no lugar em que disponho de tudo que preciso e de onde saio com a consciência tranquila por praticar uma medicina ótima. Este é um dilema do médico.

Dedicação exclusiva obrigatoriamente deve ser acompanhada de contentamento. Trabalhar bem, em um lugar confortável, com amigos e fazendo o que sabemos. E o retorno de nosso bom atendimento pelos pacientes de que tratamos é a engrenagem mais eficaz neste processo.

Recentemente, enquanto recebia uma internação, fui avisado por um técnico de enfermagem que um antigo paciente aguardava por mim. Caminhei até ele, inicialmente vendo-o de longe, fisicamente indistinto, e não o reconhecendo de imediato. À medida que me aproximei, o identifiquei como um senhor de cerca de cinquenta anos que estivera sob meus cuidados há uns cinco meses, com pneumonia e sepse severas, grave em demasia, quase perdendo a vida. Durante semanas ele permaneceu conosco, atravessando todo aquele oceano de dificuldades, necessitando dos modernos recursos dos quais hoje dispomos e escapando de um fim prematuro em seu curso de vida. Por todo o caminho que percorremos juntos, nós do CTI, sua esposa e seu filho, conversávamos longamente todos os dias. No momento em que ele, já melhor e sem sedativos conseguiu participar, pudemos imbuí-lo de forças para que continuasse sua trajetória. Ele foi bem sucedido, e voltou para agradecer, particularmente a mim e a meu colega diarista, tendo confeccionado um cartão para cada um de nós, com dizeres muito especiais. Ele conquistava novo tempo de vida, ou como muitos preferem dizer, ressurgia, ao passo que nós ganhávamos novo fôlego para ir adiante na extenuante jornada da medicina intensiva.

Semanas depois, durante a visita dos familiares, ganhei nova injeção de ânimo. A senhora de um paciente já igualmente idoso internado por um AVC isquêmico, após ouvir a notícia que o período de estadia no CTI estava próximo do fim, chorou e agradeceu imensamente à toda equipe. Esta não foi uma cena incomum, mas o que a tornou especial foram as palavras que proferiu agradecendo a nós por todo o carinho com que cuidamos de seu marido a despeito de ele não acordar mais, pois sabia que ele tivera o melhor tratamento.

***

A espera pela recuperação que domina os anseios dos familiares pode ter alguns pontos objetivos de atenção. Quando o uso de medicamento para elevar uma pressão baixa até valores normais é suspenso, significa que houve re-estabelecimento dos níveis tensionais pelo próprio sistema cardiocirculatório, um marco importante de melhora. Em sequência, vêm a saída do ventilador mecânico de modo consistente, a que nomeamos desmame, e a disposição do paciente em sentar-se em poltrona, fora do leito. A guerra foi vencida, e o corpo adquire suas funções usuais novamente.

O paciente neurológico nos surpreende mais do que qualquer outro, notavelmente quando trata-se de um jovem, de modo que prognósticos são imprecisos nas fases iniciais, e habitualmente não os fazemos. Seria tentativa fútil de nossa parte, então pedimos paciência. É difícil mesmo. Semanas podem ser necessárias para o despertar. É sempre emocionante quando o paciente abre os olhos e recobra a conexão com o meio externo, quando reconhece seus familiares e os compreende. A missão foi cumprida e o pior ficou para trás.

Tento sempre informar os pacientes e seus parentes sobre as perspectivas de alta. Sei que eles a desejam, mas ela é apenas uma consequência da melhora. É ditada pela evolução clínica, e somente a solicitamos quando é seguro. Costumo pedir que programem-se para um dia a mais do que o previsto. É melhor que fiquem felizes com a antecipação do que decepcionados com o adiamento. Despedimo-nos de um paciente, que vai embora em cadeira, sorridente e acenando adeus, ou em maca, ainda dependente de ajuda. Para ele, as noites de sono em casa em breve se tornarão realidade outra vez. Sinto orgulho do nosso trabalho, mas não me apego a esse sentimento. Em poucas horas haverá outra admissão e precisarei de sobriedade. Há muito trabalho a fazer, muitas noites em vigília ainda pela frente.

Aproxima-se então o momento de prosseguir na restauração da saúde. Ocorre o deslocamento pelos diferentes setores do hospital durante o restante da internação, que poderá finalmente conduzir ao tão aguardado retorno para casa e ao desejo de considerar a recente estadia como um sonho ruim. Para o paciente e seus familiares, o CTI em breve não passará de brumas amorfas em meio a tumultuadas e fragmentadas lembranças, e o intensivista fará parte deste esquecimento. Seguimos adiante.

www.ingramcontent.com/pod-product-compliance
Ingram Content Group UK Ltd.
Pitfield, Milton Keynes, MK11 3LW, UK
UKHW021653190726
13853UKWH00001B/235

9 788591 268405